**Nikolaus Nonn**

**Matthias E. Gahr**

# Sieben Mal am Tag
# singe ich dein Lob

# Nikolaus Nonn
## Matthias E. Gahr

# Sieben Mal am Tag singe ich dein Lob

### Eine Einführung in das Stundengebet der Mönche

# VIER TÜRME

**Bibliographische Information der Deutschen Nationalbibliothek**
Die Deutsche Nationalbibliothek verzeichnet diese Publikation in der Deutschen
Nationalbibliographie. Detaillierte bibliographische Daten sind im Internet über
http://dnb.d-nb.de abrufbar.

Die Texte der Psalmen und Cantica sind entnommen aus:

*Münsterschwarzacher Psalter* © Vier-Türme-Verlag, Münsterschwarzach 2003
*Münsterschwarzacher Cantica* © Vier-Türme-Verlag, Münsterschwarzach 2004

4. Auflage 2024
© Vier-Türme GmbH, Verlag, Münsterschwarzach 2012
Alle Rechte vorbehalten

Umschlagmotiv: Andrea Göppel, www.andrea-goeppel.de
Gestaltung: Dr. Matthias E. Gahr
ISBN 978-3-89680-814-1

*www.vier-tuerme-verlag.de*

## DER KLANG DER PSALMTÖNE

## STUNDENGEBET SELBST GESTALTEN

## KLEINES LEXIKON ZUM STUNDENGEBET

# Vorwort

# Für wen ist dieses Buch?

Zahlreiche Menschen sind in verschiedenen Klöstern zu Gast – sie finden dort, was ihnen im Alltag so oft fehlt: Zeiten der Ruhe, einen gesunden Rhythmus des Tages, gemeinsames Gebet und vieles mehr. Vielleicht gehören Sie auch zu diesen Menschen? Wir Mönche freuen uns, wenn Sie mit uns leben und beten.

Manche unserer Gäste (und viele andere Menschen auch) möchten etwas mehr über unser Stundengebet wissen, möchten erfahren, was und wie wir singen.

Für diese Menschen soll dieses Buch eine Einführung in das Stundengebet sein – es soll die Fragen beantworten, wann und wie wir Mönche unsere Gebetszeiten feiern und was gesungen wird.

Das Buch beginnt mit Antworten auf grundlegende Fragen zu den Gebetszeiten, geht dann genauer auf die Psalmen ein und widmet sich schließlich den Psalmtönen und der Quadratnotation. Hier darf natürlich ein kleiner historischer Einblick in den Gregorianischen Choral und die Entstehung der Quadratnotation nicht fehlen.

Abschließend gibt es einige Hinweise, wie man als Laie allein oder in einer Gruppe das Stundengebet vollziehen kann, sowie ein Glossar, das die wichtigsten Begriffe (im Text mit dem Pfeil ▸ gekennzeichnet) nochmals aufgreift und erklärt.

Dieses Buch kann in seiner Kürze natürlich nur einen kleinen Einblick in die »Wissenschaft« des Stundengebetes und des Gregorianischen Chorals geben. Wir haben uns dennoch bemüht, die für Laien wichtigsten Themen herauszufiltern und diese übersichtlich darzustellen.

Für Leser und Leserinnen, die etwas tiefer ins Thema einsteigen möchten, gibt es vier Exkurse mit weitergehenden Informationen.

Vor allem aber wollen wir Sie mit diesem Buch ermutigen, mit einzustimmen in das Gebet der Mönche – und natürlich auch der Nonnen.

# Warum

singen die Mönche und Nonnen?

# Wer singt, betet doppelt

Wie das gesprochene Wort eine Grundform menschlicher Kommunikation ist, sind auch Singen und Musizieren Grundformen menschlicher Verständigung. Vielleicht heißt es deshalb in vielen alten Mythen, dass die Musik ein Geschenk der Götter an die Menschen sei oder dass die Menschen den Göttern die Musik abgelauscht hätten.

Der bekannte Ausspruch des Kirchenvaters Augustinus: »Wer singt, betet doppelt«, weist darauf hin, dass Singen nicht nur der Verständigung der Menschen untereinander dient, sondern auch über das Menschliche hinausgeht. Sowohl jüdische als auch christliche Überzeugung ist es, dass nicht nur auf Erden, sondern auch im Himmel gesungen und musiziert wird, wie zum Beispiel in der Berufungsvision des Propheten Jesaja (Jes 6,3f) oder in der Offenbarung des Johannes (Offb 14,1–3; 19,1–10 und an weiteren Stellen) nachzulesen ist.

Das bedeutet, dass die Musik des Himmels wie auch ihr Abbild auf Erden Lobpreis und Anbetung Gottes sind und der unermesslichen Freude aller Geschöpfe vor Gott Ausdruck verleihen.

Im Neuen Testament fordert vor allem der Apostel Paulus die Gemeinde zum Singen auf:

*Lasst in eurer Mitte Psalmen, Hymnen und Lieder erklingen, wie der Geist sie eingibt. Singt und jubelt aus vollem Herzen zum Lob des Herrn!*

**Eph 5,19**

Paulus weiß, dass das gemeinsame Singen die Gemeinschaft stärkt und eint, dass das Singen den gemeinschaftlichen Glauben vertieft.

Und es geschieht Verständigung und Vergebung — wenn sich zum Beispiel zwei Menschen, die eben noch unterschiedlichster Meinung waren, zum gemeinsamen Gesang einfinden. In dieser Weise hat Singen und Musizieren eine heilende Kraft: für die Gemeinschaft, aber auch für den Einzelnen.

So ist es nicht verwunderlich, dass auch Benedikt von Nursia (ca. 480–547) in seiner Klosterregel (im Folgenden abgekürzt als RB, für: Regel Benedikts) dem gemeinsamen (gesungenen) Gebet einen großen Stellenwert einräumt: In immerhin dreizehn der insgesamt 73 Kapitel der Regel (RB 8 bis 20) hält Benedikt die Ordnung des Stundengebetes fest.

# Was man unter »Stundengebet« versteht

Unter dem Begriff ▸Stundengebet, auch Tagzeitenliturgie, Stundenliturgie oder Tagzeitengebet (meist im evangelischen Bereich so bezeichnet), versteht man die täglichen Gebetszeiten, zu deren Einhaltung sich sowohl weltliche Priester und Diakone (weltliches Stundengebet) als auch Mönche und Nonnen (monastisches Stundengebet) verpflichtet haben.

Während weltliche Geistliche ihr Stundengebet (das kürzer ist als das monastischen Stundengebet, daher auch der Name ▸Brevier, von lat. brevis = kurz), normalerweise alleine beten, kommen die Mitglieder eines Klosters zu den Gebetszeiten zum gemeinschaftlichen Gebet zusammen.

Ausgehend vom biblischen Schöpfungsbericht (vgl. Gen 1,1–2.4a) ist die Zeit eine geordnete Zeit der *actio* und der *contemplatio*, also der Arbeit und der ruhigen Betrachtung. Zwischen diesen beiden Polen ist das Stundengebet Erfüllung des Schriftwortes:

*Betet ohne Unterlass!*
**1 Thess 5,17**

## Die Tradition des Stundengebets

Das alte Judentum kannte zunächst nur für den Jerusalemer Tempeldienst je ein Opfer am Morgen und am Abend, erst in der Zeit des Exils entstanden feste Gebetszeiten zu bestimmten Stunden des Tages, die später in den Synagogen abgehalten wurden; doch war das fortwährende Gebet zumeist Sache der Familien und des Einzelnen.

Dem Christentum ist das Stundengebet zwar auch nicht fremd, allerdings ist nur den Geistlichen eine verpflichtende Tagzeitenliturgie geboten. Im Islam dagegen sind alle Gläubigen fünf Mal am Tag zum Gebet verpflichtet.

Die frühe christliche Kirche entwickelte aus der jüdischen Tradition im Zuge ihrer Abspaltung vom Judentum die Vorstufe des heutigen Stundengebets, das im Urchristentum noch gemeindegottesdienstlichen Charakter hatte. Die jüdische Tradition, die ▸Psalmen zu beten, führten die Christen fort. Daneben wurden ▸Hymnen gesungen und das Vaterunser gebetet. Diese Texte sind noch heute ein wesentlicher Bestandteil des Stundengebets.

Die Entstehung des christlichen Mönchtums im 3. Jahrhundert hatte einen großen Einfluss auf die Entwicklung des Stundengebets. Für die frühen Mönche machte das Stundengebet einen wesentlichen Teil ihres Tages aus, sodass die einzelnen Gebetszeiten entsprechend lang waren. In dieser Zeit war es üblich, täglich alle 150 Psalmen zu beten. Heute ist das Stundengebet (im westlichen Christentum) so angelegt, dass alle 150 Psalmen im Laufe einer Woche gebetet werden (siehe Tabelle auf Seite 60/61).

Ein vollkommen standardisiertes Stundengebet gibt es übrigens nicht: Zahlreiche Ordensgemeinschaften haben im Laufe ihrer Geschichte in manchen Details eigene Traditionen entwickelt, so zum Beispiel in der Textauswahl, Geschwindigkeit oder Betonung der Gesänge, der Tonhöhe, der Frage, welcher Text gesungen oder gesprochen wird, bis hin zur Sprache, in der die Gebetszeiten verrichtet werden.

Die Erläuterungen zum Stundengebet, die wir in diesem Buch zusammengestellt haben, gelten für viele Klöster und Ordensgemeinschaften. In manchen Besonderheiten beziehen wir uns jedoch auf die Praxis der beiden Abteien Münsterschwarzach und Königsmünster (Meschede) – und auch hier gibt es im Detail schon kleinere Unterschiede in der Ausführung.

Bei den Notenbeispielen verwenden wir Auszüge aus dem verbreiteten *Benediktinischen Antiphonale*, das in diesen beiden Abteien und in vielen anderen Klöstern als Text- und Notengrundlage für das Stundengebet verwendet wird.

# Das Stundengebet
erleben

# Heiligung des Tages

Das monastische Stundengebet ist für viele Menschen ein Erlebnis besonderer Art: Es bedeutet eine vorgegebene Rhythmisierung des Tagesablaufes, eine regelmäßige »Entrückung« aus dem alltäglichen Treiben, ein Ausstieg aus dem Trott.

Für die meisten oft spontanen oder zufälligen Besucher des Stundengebetes ist das wohl ungewohnt – deshalb stellen wir noch vor dem praktischen Wissen um die Einzelheiten des Stundengebetes das »Erlebnis« des Stundengebetes an den Anfang dieses Buches.

Jedes Gebet, jede stille Minute, in der ein Mensch mit sich und mit Gott ins Gespräch kommt, ist eine »Anders-Zeit«, eine herausgehobene Zeit, in der die Uhren der Welt stillzustehen scheinen.

Dieses Innehalten ist im Stundengebet rhythmisiert und in Gebetszeiten eingeteilt, die zu verschiedenen Tageszeiten der »Heiligung des Tages« dienen sollen. Diese Heiligung aber hat heil-machende und reinigende Wirkung: Ärger, Stress und Anspannung werden unterbrochen, sie lässt innehalten und fördert die Konzentration auf die Mitte.

Dieses mehrfache Atemholen der Seele am Tag setzt nur eines voraus: Seien Sie, liebe Beterin, lieber Beter, ganz da, ganz im Augenblick.

Schließen Sie die Augen, achten Sie auf Ihren Atem, seien Sie ganz bei sich. Die Gedanken des Alltags, Gefühle, die Sie beschäftigen, werden natürlich auftauchen – lassen Sie sie zu, sie dürfen kommen. Lassen Sie sie aber wie ein Blatt auf einem Fluss oder eine Wolke am Himmel – mit einem innerlichen freundlichen Lächeln – an sich vorüber- und weiterziehen.

Nehmen Sie alles wahr, was Sie jetzt, in diesem Augenblick wahrnehmen können, nehmen Sie es an – und lassen Sie auch das alles weiterziehen.

Blicken Sie dankbar und voller Liebe auf diesen Augenblick und auf sich selbst.

Mit dieser kleinen, einfachen (aber doch oft so schweren) Übung steigen Sie ein in ein kontemplatives Gebet. Ihr ganzes Da-Sein wird Gebet, und Sie werden geöffnet für die heilmachende Wirkung der Gebetszeit. Sie werden geöffnet für die Anwesenheit Gottes – vertrauen Sie jetzt und hier den Zusagen, ja Verheißungen seiner Anwesenheit:

*Ich bin der »Ich-bin-da«.*
**Ex 3,14**

*Ich bin bei euch alle Tage, bis zum Ende der Welt.*
**Mt 28,20**

Diese Bibelworte hat wohl auch der heilige Benedikt vor Augen, wenn er in seiner Klosterregel schreibt:

*Überall ist Gott gegenwärtig, so glauben wir, und die Augen des Herrn schauen an jedem Ort auf Gute und Böse.*
**RB 19,1**


## Rezitation und Meditation

Im Stundengebet singt normalerweise der ▸Kantor oder eine Vorsängergruppe (▸Schola) den Psalm im Wechsel mit der versammelten Gemeinde. Hierbei steht nicht die Verkündigung des Textes im Vordergrund, sondern die Meditation – die Wortverkündigung tritt zurück hinter das einfache ▸Rezitieren einer immer gleichbleibenden und wiederkehrenden ▸Psalmodieformel. Die gleichförmige Charakteristik dieser Formel erfordert viel weniger Aufmerksamkeit als das gemeinsame Sprechen eines Textes und lässt mehr Raum für die Betrachtung der Texte. So ist das christliche Stundengebet *die* abendländische Form der Meditation schlechthin.

Im übertragenen Sinn kann man sagen: Das Stundengebet ist die Meditation des Lebensodems, der dem Menschen von Gott eingehaucht und geschenkt ist (vgl. Gen 2,7): Jeder Mensch atmet, wobei dies kein rein aktives oder passives, sondern ein »mediales« Tun ist: Atemluft fällt in jeden Menschen ein, und der Psalmenbeter schenkt diese Luft in Form von Psalmworten (also in das Wort Gottes gekleidet) an Gott zurück – dies entspricht dem ersten Halbvers. Die restliche Atemluft strömt aus, neue Atemluft strömt ein, und der Beter verfährt wie zuvor: Er schenkt die Luft, in das Wort Gottes gekleidet, an Gott zurück – dies entspricht dem zweiten Halbvers.

Der Wechsel zwischen Kantor beziehungsweise Vorsängergruppe und betender Gemeinschaft sorgt dafür, dass der Einzelne nicht atemlos wird, sondern in einem vertrauten Rhythmus von Anspannung und Entspannung über den Lebensstrom des Atems nachsinnen kann.

Bei der Psalmodie geht es also in erster Linie nicht um den Inhalt, die Worte – es geht um den je eigenen, ganz persönlichen Lebensodem, der dem Individuum von Gott eingehaucht ist. Dieser Lebensodem dringt von außen in uns ein, dringt zur Mitte vor, und wir schenken ihn, in das Wort Gottes gekleidet, an ihn zurück.

## Und wenn ich nicht singen kann?

Vielleicht nähern Sie sich gerade erst dem Gesang der Mönche, die Töne sind Ihnen noch ungewohnt, vielleicht entspricht der Psalmengesang nicht Ihrer Stimmlage oder Ihrer momentanen Verfassung – und doch können Sie sich einklinken und mit ihrem Ein- und Ausatmen teilhaben am Wogen des Gesangs und sich von ihm tragen lassen.

Auch wenn Sie kein Buch zur Hand haben, in dem Sie den eben gesungenen Text nachverfolgen können, auch wenn Sie das Gesungene nicht genau verstehen, können Sie Ihr Ein- und Ausatmen zu einem Gebet machen, das sich mit dem Gebet der versammelten Gemeinschaft verbindet. So wird die Teilnahme am Gebet der Mönche auch ohne eigenes Zutun zu echtem Gebet, zu einer Meditation, die immer stärker in die Gottesbegegnung hineinführt.

Wir hören auch immer wieder den Satz: »Ich kann nicht singen ...« – Das Sprichwort sagt, dass noch kein Meister vom Himmel gefallen sei. Die Rede von »unmusikalischen« Menschen scheint uns wirklich nicht angebracht. Sicher, es gibt Menschen, die nicht an Musik herangeführt worden sind und sich daher mit dem Gesang schwertun. Die Erfahrung zeigt aber, dass selbst ungeübte und unerprobte Sänger durch die ständige Wiederholung der Psalmformeln langsam ein Gefühl für ihre eigene Singstimme bekommen. Natürlich bewirkt das Mitsingen beim Stundengebet nicht, dass aus dem ungeübten Sänger ein Solist wird, aber so mancher junge Mann, der in unsere Klöster gekommen ist und sich mit dem Gesang anfangs schwergetan hat, erfährt, wie er immer sicherer wird und sich einfach tragen lassen kann vom Gewoge des Psalmengesangs.

Und wenn ich mit einstimme in dieses Hin und Her von einem Psalmvers zum nächsten, wenn ich dabei bewusst auf meine Körperhaltung und meine Atmung achte, wird sich die heilende Wirkung, die vom Zusammenspiel des Klangs und der Atmung ausgeht, einstellen: Verspannungen lösen sich, Druck wird von mir genommen und eine neue »Freiheit der Kinder Gottes« (vgl. Röm 8,21) wird an und durch mich sichtbar.

# Wann
singen die Mönche und Nonnen?

# Die Gebetszeiten

Über die Art und Anzahl der Gebetszeiten des Stundengebets schreibt Benedikt im sechzehnten Kapitel seiner Klosterregel – unter Hinweis auf zwei Psalmverse:

*Es gelte, was der Prophet sagt:* »*Sieben Mal am Tag singe ich dein Lob.*« *Diese geheiligte Siebenzahl wird von uns dann erfüllt, wenn wir unseren schuldigen Dienst leisten zur Zeit von Laudes, Prim, Terz, Sext, Non, Vesper und Komplet.*

**RB 16,1f; Benedikt zitiert darin Ps 119,164**

Zu diesen sieben Gebetszeiten am Tag kommt schließlich noch die Gebetszeit der Nacht dazu, die Benedikt in seiner Regel so anordnet:

*Von den nächtlichen Vigilien sagt derselbe Prophet:* »*Um Mitternacht stehe ich auf, um dich zu preisen.*«

**RB 16,4; Benedikt zitiert darin Ps 199,62**

Der Tag wird also in (ursprünglich) acht Gebetszeiten, auch ▸Horen genannt, eingeteilt. Diese Einteilung der Gebetszeiten richtet sich nach dem Tageslauf. Der Tag, also die Zeit von Sonnenaufgang bis Sonnenuntergang, wurde zu Benedikts Zeiten in zwölf gleich lange Stunden eingeteilt. Wie lang eine solche Stunde dauerte, hing von der Länge der Zeit zwischen Sonnenaufgang und Sonnenuntergang ab, war damit also sowohl regional verschieden als auch während den einzelnen Jahreszeiten unterschiedlich lang. Rechnet man dieses Maß in unsere heutige Zeiteinteilung um, kann die erste Stunde des Tages auf etwa sechs Uhr angesetzt werden.

## Die Matutin (Vigil)

Die ▸Matutin, auch ▸Lesehore, ▸Nachtoffizium oder ▸Vigil genannt, ist als das wachende Gebet im Aufgang des Tages die erste Gebetszeit. Sie ist entstanden aus dem gemeinschaftlichen nächtlichen Gebet der Asketen und der frühen Christen, die sich zu Nachtwachen versammelten, um sich auf Feste wie Ostern und Weihnachten durch Gebet und das Hören des Wortes Gottes vorzubereiten. Sie wachten in der Nacht, um Jesus Christus zu erwarten als das aufstrahlende Licht, das neue Leben und die Morgenröte.

Die Matutin wird als Nachtgebet in der katholischen Liturgie zwischen Mitternacht und dem frühen Morgen gehalten. Im achten Kapitel der Benediktsregel wird als Beginn der Vigil die achte Stunde der Nacht genannt, was etwa zwei Uhr entspricht. Ursprünglich also als Nachtgottesdienst durchgeführt, hat sich diese Gebetszeit immer mehr in den frühen Morgen verlagert – nicht mehr als Unterbrechung, sondern als Abbruch des Schlafs in Erwartung des Tagesbeginns. Seit der Liturgiereform des Zweiten Vatikanischen Konzils ist die Vigil nicht mehr abhängig von der Tageszeit.

Die Vigil beginnt mit dem Eröffnungsvers, dessen erster Teil, »Herr, öffne meine Lippen«, vom Vorsänger vorgetragen wird, auf den die Gemeinschaft antwortet: »Damit mein Mund dein Lob verkünde«. In dieser Weise wird der Eröffnungsvers drei Mal wiederholt:

*Das Zeichen ℟. kennzeichnet im Text den Vers(teil), den alle als Responsum (Antwortruf) singen. Weitere Anmerkungen zu Noten und Zeichen siehe im Kapitel »Die Quadratnotation«.*

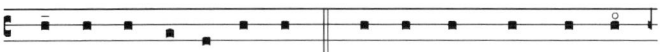

Herr, öff-ne mei- ne Lip-pen. ℟. Da- mit mein Mund dein Lob

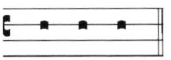

ver-kün-de.

Es schließt sich der Psalm zum ▸Invitatorium an, normalerweise Psalm 95: »Kommt, lasst uns jubeln vor dem Herrn und zujauchzen dem Fels unseres Heiles«. Hier singt die Schola die Verse, die Gemeinde antwortet mit einem gleichbleibenden Kehrvers. Statt Psalm 95 können hier auch die Psalmen 24, 67 oder 100 gesungen werden.

Dem Psalm folgt der Hymnus, an den sich zwei (beziehungsweise drei) sogenannte ▸Nokturnen anschließen. Jede Nokturn besteht aus (in der Regel) drei Psalmen mit ▸Antiphonen und einem anschließenden ▸Versikel, einem Segensspruch und einer Lesung, die in der ersten Nokturn der Heiligen Schrift entnommen ist.

Die Lesung der zweiten Nokturn stammt aus der geistlichen Literatur, vor allem aus den Texten der Kirchenväter. Als ▸Responsorium zur Lesung wird täglich eine der »Strophen« des langen Psalms 119 gesungen.

An Sonntagen und Hochfesten schließt sich eine dritte Nokturn an, in der statt Psalmen biblische ▸Cantica (psalmenähnliche Gesänge) gesungen werden. Nach den Antwortgesängen folgen an Sonn- und Festtagen das Evangelium des Tages und das ▸*Te Deum* beziehungsweise das ▸*Te decet laus* in der Advents- und der Fastenzeit.

Ein Tagesgebet und ein (gesungener oder gebeteter) Segensspruch beschließen diese Gebetszeit.

Am Hochfest der Geburt des Herrn (Christmette) und dem Hochfest der Auferstehung des Herrn (Osternacht) wird die Vigil als Nachtwache gehalten, die meist (mehr oder weniger spät) am Vorabend beginnt. Die besonders gestaltete Matutin an den Kartagen wird als ▸Karmette oder ▸Tenebrae bezeichnet.

Die vollständige Matutin wird heute nur noch in den kontemplativen Orden oder von einzelnen Personen gebetet. Selbst bei den Benediktinern wird sie teilweise auf eine Nokturn gekürzt. Seit der Liturgiereform des Zweiten Vatikanischen Konzils enthält das Stundenbuch der Kirche die Lesehore, die zu jeder Zeit des Tages gebetet werden und morgens beziehungsweise nachts zur Matutin beziehungsweise Vigil erweitert werden kann.

In jüngerer Zeit gibt es neben dieser liturgischen Form des Nachtgebets auch nicht-liturgische Nachtwachen vor bedeutenden Anlässen – so ist zum Beispiel die Nachtwache unter freiem Himmel zum Abschluss der katholischen Weltjugendtage zur Tradition geworden, bei der Jugendliche Nachtwache halten, um sich auf den Höhepunkt des Weltjugendtages, die Abschlussmesse, vorzubereiten.

## Die Laudes

Die ▸Laudes (auch ▸Morgenhore oder ▸Morgenlob genannt) sind das Morgenlob der Kirche; sie werden üblicherweise zwischen sechs Uhr und acht Uhr morgens gehalten. Die Gebetszeit ist getragen von Lyrik, Poesie und Theologie. Aus der Stille und Sammlung der Nacht heraus beginnt sie mit dem Vers *»O Gott, komm mir zu Hilfe«,* der mit der ▸Doxologie *»Ehre sei dem Vater«* abgeschlossen wird, die von einer Verneigung begleitet wird:

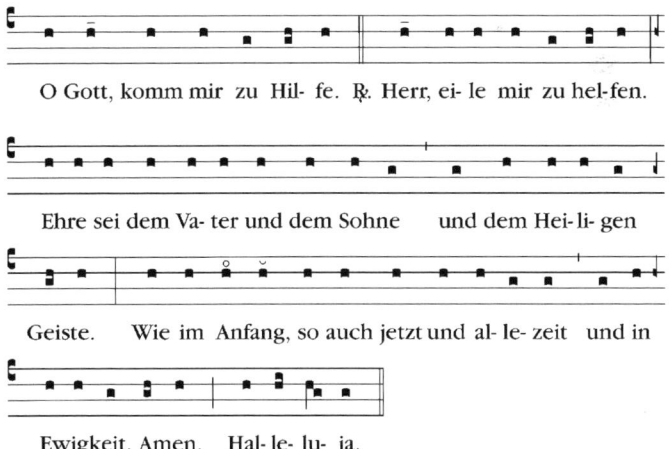

O Gott, komm mir zu Hil- fe. ℟. Herr, ei- le mir zu hel-fen.

Ehre sei dem Va- ter und dem Sohne     und dem Hei- li- gen

Geiste.     Wie im Anfang, so auch jetzt und al- le- zeit   und in

Ewigkeit. Amen.   Hal- le- lu- ja.

Mit dieser Eröffnung versichern sich die Beter des Beistands Gottes, dass er Herz und Stimme bereite und aufmerksam mache, auf die Worte der Heiligen Schrift und die Stimmen der Mitbeter zu achten. Nach dem Eröffnungsvers folgen vier Psalmen, die meist Morgen- oder Lobpsalmen sind und, wie alle Psalmen des Stundengebetes, mit der Doxologie und Verneigung abgeschlossen werden. Hier Psalm 100, der erste Psalm am Montag:

*Über dem Psalmtext steht (mit Noten) die Antiphon, die vor und nach dem Psalm (manchmal auch dazwischen) gesungen wird. Da sie (hier) die Antiphon der ersten Psalms der Laudes ist, ist sie als »Ant 1« benannt, im Beispiel auf der nächsten Seite als »Ant C« (Antiphon zum Canticum). Der auf die Antiphon folgende Psalm wird auf dem Psalmton zitiert, der als römische Ziffer (hier: VII) angegeben wird. Die Noten nach der Antiphon (ohne Text) geben die im Psalm zu singende Schlussformel an.*

litz mit Ju- bel!

*Jauchzet dem Herrn, alle Welt! /*
2 *Dient dem Herrn mit Freude! \**
*Kommt vor sein Antlitz mit Jubel!*
3 *Erkennt: Der Herr ist Gott! /*
*Er hat uns geschaffen, wir sind sein Eigen, \**
*sein Volk und die Herde seiner Weide.*

4 Tretet durch seine Tore mit Dank, /
in seine Höfe mit Lobgesang! *
Dankt ihm, preist seinen Namen!
5 Denn gut ist der Herr, /
seine Huld währt ewig *
und Geschlecht um Geschlecht seine Treue.

An Festtagen tritt an die Stelle des dritten Psalms der
Laudes ein alttestamentliches Canticum.

Nach diesem lyrisch-poetischen Teil wird eine kurze Lesung vorgetragen, auf die mit einem Psalmwort in
Form eines kurzen Antwortgesanges (Responsorium)
geantwortet wird. Es folgen der Hymnus, der an normalen Tagen die aufgehende Sonne und das anbrechende
Tageslicht besingt, die als Symbole für Christus stehen,
und ein neutestamentliches Canticum, das von einer Antiphon eingerahmt wird, die auch vor der Doxologie wiederholt wird. Am Samstag ist dieses Canticum zum Beispiel das sogenannte ▸Benedictus, der Lobgesang des
Zacharias (Lk 1,68–79), der auch an den anderen Wo-
chentagen gesungen werden kann:

Ant C VIII

Ich bin das Licht der Welt. * Wer mir nachfolgt, wan-

delt nicht in Fin-ster-nis, sondern hat das Licht des Le-bens.

68 *Gepriesen sei der Herr, der Gott Israels,* \*
*denn heimgesucht hat er sein Volk*
*und ihm Erlösung geschaffen.*
69 *Er ließ uns erstehn einen machtvollen Retter* \*
*im Hause seines Knechtes David,*
70 *wie er verheißen hat durch den Mund seiner Heiligen,* \*
*durch die Propheten der Vorzeit:*
71 *Er werde uns vor unseren Feinden erretten* \*
*und aus der Hand all derer, die uns hassen,*
72 *er werde sich unserer Väter erbarmen /*
*und seines heiligen Bundes gedenken,* \*
73 *des Eides, den er geschworen unserm Vater Abraham:*
74 *uns zu geben, dass wir ihm furchtlos dienen,* \*
*befreit aus der Hand der Feinde,*
75 *in Heiligkeit und Gerechtigkeit vor seinem Angesicht* \*
*all unsre Tage.*
76 *Und du, mein Kind, wirst ›Prophet des Höchsten‹*
*genannt, /*
*denn du wirst dem Herrn vorangehn* \*
*und ihm die Wege bereiten:*
77 *seinem Volk zu schenken die Erkenntnis des Heiles* \*
*in der Vergebung der Sünden*
78 *durch unseres Gottes erbarmende Liebe,* \*
*in der uns heimsucht das aufstrahlende Licht aus der Höhe,*
79 *um denen zu scheinen, die in Finsternis sitzen und*
*im Schatten des Todes,* \*
*unsere Füße zu lenken auf den Weg des Friedens.*

ANTIPHON

*Ehre sei dem Vater und dem Sohne ***
*und dem Heiligen Geiste.*
*Wie im Anfang, so auch jetzt und allezeit ***
*und in Ewigkeit. Amen.*

Es schließen sich die Bitten an, in denen in besonderer Weise für das gute Gelingen und die Heiligung des neuen Tages gebetet wird, dann der ▸Kyrie-Ruf, das Vaterunser und ein Tagesgebet. Der Segen, den in der Regel der Obere des Klosters für den anstehenden Tag erteilt, beschließt diese Gebetszeit.

## Die Mittagshore

Im Laufe des Tages soll die Arbeit drei Mal von Gebetszeiten unterbrochen werden; ursprünglich waren das die drei sogenannten ▸kleinen Horen: Zur dritten Stunde (etwa neun Uhr) die ▸Terz, zur sechsten Stunde (etwa zwölf Uhr) die ▸Sext und zur neunten Stunde (etwa fünfzehn Uhr) die ▸Non. Früher wurde außerdem zur ersten Stunde, meist unmittelbar vor den Laudes, noch die ▸Prim gebetet.

Die Liturgiereform des Zweiten Vatikanischen Konzils hat die Möglichkeit gegeben, diese Gebetszeiten zu einer Hore zusammenzufassen, die dann um die Mittagszeit gehalten wird (die sogenannte Mittagshore oder Tageshore). Diese Zusammenfassung haben viele Orden für ihre Gebetszeiten vorgenommen, nur noch im Stundengebet der Kartäuser ist die Prim erhalten geblieben.

Die Mittagshore mahnt, in der Mitte des Tages innezuhalten, die Arbeit und die Emotionen des Vormittages ruhen zu lassen und sich auf das Wesentliche zu besinnen. Sie lässt den kühlenden Hauch des göttlichen Geistes in die Seele wehen. Sie beginnt mit dem Eröffnungsvers »O Gott, komm mir zu Hilfe«, auf den der Hymnus folgt. Hier zum Beispiel der Hymnus der Mittagshore am Mittwoch und am Samstag:

*Die Strophen eines Hymnus werden stets auf die Melodie gesungen, die darüber notiert ist. In der Regel wird die erste Strophe von der Schola alleine gesungen, ab der zweiten Strophe singen dann alle mit.*

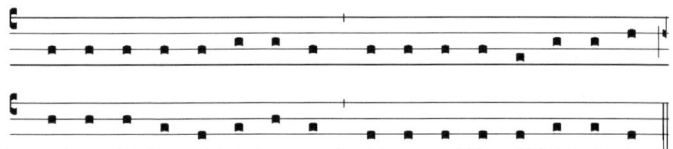

*Die Glut des Mittags treibt uns um,*
*die Stunden eilen wie im Flug;*
*du, Gott, vor dem die Zeiten stehn,*
*lass uns ein wenig bei dir ruhn.*

*Wir atmen fiebrig und gehetzt,*
*der Streit flammt auf, das rasche Wort;*
*in deiner Nähe, starker Gott,*
*ist Kühlung, Frieden und Geduld.*

*Dies schenk uns, Vater voller Macht,*
*durch Jesus Christus, unsern Herrn,*
*der mit dem Geiste und mit dir*
*regiert in alle Ewigkeit. Amen.*

Im *Benediktinischen Antiphonale* folgen auf den Hymnus in der Regel ein längerer Psalm mit Antiphon, eine Kurzlesung mit dem dazugehörigen Responsorium und drei kürzere Psalmen mit Antiphonen. Darauf folgt eine zusammenfassende ▸Oration, die die Anliegen der Beter vor Gott bringt, und ein Segensspruch, der mit dem Versikel »Singet Lob und Preis. Dank sei Gott, dem Herrn« abgeschlossen werden kann.

In manchen Klöstern werden die Psalmen der Mittagshore in einen Zwei-Wochen-Rhythmus aufgeteilt. In der ersten Woche wird der längere Psalm gesungen, in der zweiten Woche die drei kürzeren.

## Die Vesper

Die ▸Vesper ist das Abendlob; mit ihr endet die Arbeit des Tages. Gebetet wird sie etwa gegen achtzehn Uhr. Die Texte und Gesänge der Vesper wollen der Hoffnung Ausdruck verleihen, auch in Nacht und Finsternis von Christus begleitet zu sein, und sie verkünden den Müden Ruhe und Frieden.

Die Vesper ist wie die Laudes aufgebaut: Sie beginnt mit dem Eröffnungsvers »O Gott, komm mir zu Hilfe«, dann folgen die Psalmen, eine Kurzlesung mit Responsorium, der Hymnus, ein Versikel und das Canticum. Im Gegensatz zu den Laudes wird hier allerdings ein neutestamentliches Canticum gesungen, das täglich wechseln oder aber jeden Tag das ►*Magnificat*, der Lobgesang Mariens (Lk 1,46–55), sein kann. Ansonsten ist das Magnificat für die Erste Vesper des Sonntags, also die Vesper am Vorabend (Samstagabend), vorgesehen.

Jeder Sonntag und jedes Hochfest (außer Ostern) beginnt – ganz nach jüdischer Tradition – am Vorabend, also am Samstag, mit der sogenannten Ersten Vesper, die schon zur Gebetszeit des jeweiligen Sonntages oder Hochfestes zählt. Die eigentliche Vesper am Sonn- oder Festtag selbst wird dann auch als Zweite Vesper des Tages bezeichnet.

Für das Magnificat (und für andere Gesänge auch) gibt es verschiedene Antiphonen zur Auswahl, hier ein Beispiel:

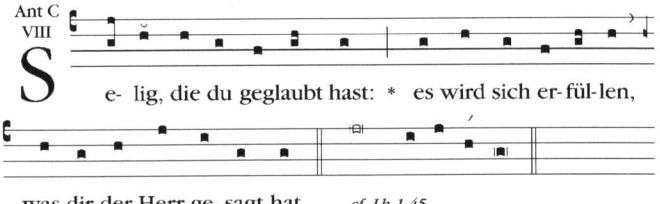

Ant C
VIII

S e- lig, die du geglaubt hast: * es wird sich er- fül-len,

was dir der Herr ge- sagt hat.     *cf. Lk 1,45*

46 *Meine Seele preist die Größe des Herrn, ** 

47 *es jubelt mein Geist über Gott, meinen Heiland.*

48 *Denn seine niedrige Magd hat er in Gnaden angesehn. ** 
*Siehe, von nun an preisen mich selig alle Geschlechter.*

49 *Denn Großes hat an mir getan der Mächtige, ** 
 *und sein Name ist heilig.*

50 *Sein Erbarmen währt von Geschlecht zu Geschlecht ** 
 *über denen, die ihn fürchten.*

51 *Mit seinem Arm vollbrachte er machtvolle Taten, ** 
 *er hat zerstreut, die im Herzen voll Hochmut sind.*

52 *Die Mächtigen hat er vom Thron gestürzt ** 
 *und hat erhöht die Niedrigen.*

53 *Die Hungrigen hat er erfüllt mit Gütern ** 
 *und Reiche weggeschickt mit leeren Händen.*

54 *Er hat sich angenommen seines Knechtes Israel ** 
 *eingedenk seines Erbarmens,*

55 *wie er es unseren Vätern verheißen hat, ** 
 *Abraham und seinem Stamm auf ewig.*

ANTIPHON

*Ehre sei dem Vater und dem Sohne ** 
*und dem Heiligen Geiste.* 
*Wie im Anfang, so auch jetzt und allezeit ** 
*und in Ewigkeit. Amen.*

## Die Komplet

Die ▸Komplet ist das Nachtgebet und beschließt als letzte Gebetszeit den Tag. Sie beginnt mit der Eröffnung:

*Unsere Hilfe ist im Namen des Herrn.*

Auf die alle antworten:

*Der Himmel und Erde erschaffen hat.*

Es folgt eine kurze Zeit des Schweigens, die einer stillen Gewissenserforschung, einem Rückblick auf den vergangenen Tag mit seinen Anforderungen und Mühen, aber auch Erfolgen und Begegnungen Raum gibt. Im nachfolgenden Schuldbekenntnis werden die Fehler und das Versagen des Tages vor Gott gebracht. Dazu verneigen sich alle tief und sprechen gemeinsam zum Beispiel das folgende Schuldbekenntnis:

*Ich bekenne Gott, dem Allmächtigen, allen Engeln und Heiligen und euch, Brüdern und Schwestern, dass ich Gutes unterlassen und Böses getan habe. Ich habe gesündigt in Gedanken, Worten und Werken durch meine Schuld, durch meine Schuld, durch meine große Schuld. Darum bitte ich die selige Jungfrau Maria, (unseren heiligen Vater Benedictus,) alle Engel und Heiligen und euch, Brüder und Schwestern, für mich zu beten bei Gott, unserem Herrn.*

Es folgen die Vergebungsbitte, wechselnde Psalmen mit ihren Antiphonen (traditionell die Psalmen 4, 134 und 91) und der Hymnus, der die Ruhe der Nacht besingt und um den Schutz Gottes in der Nacht und um den Segen über das vollbrachte Tagwerk bittet. Am Donnerstag lautet der Hymnus der Komplet:

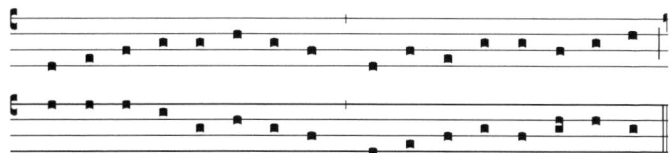

*Bevor des Tages Licht vergeht,*
*dich, Herr und Schöpfer, rufen wir:*
*In deiner Treue, die nicht wankt,*
*sei Wächter auch in dieser Nacht.*

*Weit weiche von uns Alp und Traum,*
*das Wahngebild der Dunkelheit;*
*Herr, schlage du den Feind in Bann,*
*behüte uns an Seel und Leib.*

*Dies schenk uns, Vater voller Macht,*
*durch Jesus Christus, unsern Herrn,*
*der mit dem Geiste und mit dir*
*regiert in alle Ewigkeit. Amen.*

In vielen Klöstern folgen dem Hymnus nun eine Oration und der Segen für die Nacht, den in der Regel der Obere des Klosters spricht oder singt.

Als Abschluss der Komplet und damit als Abschluss des Tages folgt die ▸Marianische Antiphon, der Gruß an die Gottesmutter, in dem sich die Sängerinnen und Sänger in Gottes mütterliche und liebende Arme bergen, um darin Ruhe und Schutz zu finden.

Im Jahreskreis wird hier der alte Marienhymnus ▸*Salve Regina* gesungen (Übersetzung siehe im Glossar):

SAL-VE re- gi- na, * Ma- ter mi- se- ri- cor-di- æ, Vi- ta, dul-ce- do , et spes nostra, sal- ve. Ad te cla-ma-mus, ex-su- les, fi- li- i He-væ. Ad te suspi- ra-mus, gementes et flentes in hac la-cri-ma-rum val- le. E- ia er-go, Advo-ca- ta nostra, il- los tu- os mi- se- ri- cor-des o- cu- los ad nos conver- te. Et Je- sum, be- ne- dictum fructum ventris tu- i, no- bis post hoc exsi- li- um o-sten-de. O cle-mens, O pi- a, O dul- cis * Vir-go Ma- ri- a.

In manchen Klöstern, die ihr Stundengebet nach dem römischen Brauch feiern, wird vor der Oration noch eine Kurzlesung und das ▸*Nunc dimittis* eingefügt:

Ant C
I

**S**ei unser Heil, o Herr, wenn wir wachen, * und unser

Schutz, wenn wir schla-fen; da-mit wir wachen mit Christus

und ru-hen in sei-nem Frieden. *LT*

29 *Nun entlässt du, o Herr, deinen Knecht ** 
*nach deinem Wort in Frieden.*

30 *Denn meine Augen haben dein Heil gesehen, **

31 *das du bereitet hast vor allen Völkern:*

32 *Licht, das den Heiden Offenbarung schenkt, ** 
*und Herrlichkeit für dein Volk Israel.*

ANTIPHON

*Ehre sei dem Vater und dem Sohne ** 
*und dem Heiligen Geiste.* 
*Wie im Anfang, so auch jetzt und allezeit ** 
*und in Ewigkeit. Amen.*

## Die Große Stille

Nach der Komplet gilt in den monastischen Orden bis zum Morgen das nächtliche Stillschweigen, auch Große Stille genannt. Für den heiligen Benedikt ist das Schweigen sehr wichtig. Er schreibt in seiner Regel:

*Immer müssen sich die Mönche mit Eifer um das Schweigen*
*bemühen, besonders aber während der Stunden der Nacht.*

**RB 42,1**

Warum legt der Mönchsvater einen so großen Wert auf
die Schweigsamkeit, auf Stille? Der deutsche Philosoph
und Soziologe Max Scheler (1874–1928) hat einmal gesagt, dass Stille »aktive Aufmerksamkeit« sei. In dieser
aktiven Aufmerksamkeit öffnet sich der Mensch für das
Geheimnis des Göttlichen. Tatsächlich richtet sich der im
Gebet schweigende Mensch auf Gott aus, weshalb in die
Spiritualität der Mönche und Nonnen das Schweigen als
Grundhaltung vor Gott eingeübt wird – während der got-
tesdienstlichen Feiern, aber auch den Tag hindurch, und
vor allem Nachts. Vielleicht hat Benedikt bei der Abfas-
sung des Kapitels über das nächtliche Schweigen an die
alttestamentliche Erzählung im Buch Samuel gedacht, in
der die Stille der Nacht geschildert wird, aus der heraus
Jahwe den jungen Samuel ruft (vgl. 1 Sam 3).

Aber auch in den Messfeiern und Tagzeitengebeten
wird immer wieder einen Moment innegehalten und
schweigend-meditierend über das Wort Gottes nachge-
dacht. Hinzu kommt, dass das Schweigen in unseren liturgischen Feiern Ausdruck einer Ehrfurcht ist, die aus
dem Wissen um die reale Gegenwart Gottes kommt:

*Der Herr aber wohnt in seinem heiligen Tempel.*
*Alle Welt schweige in seiner Gegenwart.*

**Hab 2,20**

## Zur Verwendung liturgischer Bücher

Liturgische Bücher sind in der Regel sehr komplex, da sie die Angaben für alle Tage, Fest- und Feiertage und so weiter beinhalten. Folgende kleine »Bedienungsanleitung« ist vielleicht hilfreich:

Normalerweise ist ein sogenanntes *Ordinarium* abgedruckt, wie wir es in den vorangegangenen Kapiteln für jede Gebetszeit kurz skizziert haben. Hier finden sich der Ablauf einer Gebetszeit, die wichtigsten wiederkehrenden Texte und Gesänge und auch weitere Beschreibungen zu Ausnahmen.

Die wechselnden Gesänge und Gebete der unterschiedlichen Tage finden sich dann entweder im Wochenpsalter (für die normalen Wochen- und Sonntage im Jahreskreis) beziehungsweise im ▸Proprium, entweder für das ▸Herrenjahr (die Zeiten Advent/Weihnachten, Fastenzeit/Ostern und den Jahreskreis) oder für die Festtage der Heiligen.

Gerade hier haben aber viele Klöster ihre eigenen Heiligen und Patrone und dementsprechend abweichende Leseordnungen.

## Die Kunst des Verneigens

Für sein Buch *Respekt* hat sich Benediktinerpater Mauritius Wilde Gedanken zum Ritual des Verneigens gemacht. Er hat unter anderem gezählt, wie oft sich die Mönche von Münsterschwarzach am Tag verneigen – er ist auf neunundvierzig Mal gekommen.

Die Gebärde der Verneigung bezeichnet er als die »Urgebärde des Respekts«. Sie ist eine ritualisierte Form, Respekt auszudrücken. Eine Verneigung drückt aus: »Ich neige mich vor dir, weil in dir etwas Größeres ist, als ich selbst es bin.« Nur auf den ersten Blick sieht das erniedrigend oder demütigend aus, denn das Wichtigste an der Verneigung ist, so Pater Mauritius, dass man sich anschließend wieder aufrichtet. Wenn man sich vor jemandem verneigt, sagt man damit: »An dir will ich mich aufrichten«. Dazu muss man natürlich das Größere im Anderen anerkennen.

Im Verneigen am Morgen, beim Betreten der Kirche und des Speisesaales, zum »Ehre sei dem Vater« und viele andere Male am Tag machen die Mönche ihren Respekt gegenüber Gott deutlich. Er ist die größere Wirklichkeit, an der sie sich aufrichten wollen, jeden Tag und immer wieder.

Eine Verneigung in diesem Sinne kann auch heilende Wirkung haben, sie kann schlechte Gefühle auflösen. Mit der Verneigung gibt man nicht nur dem anderen Raum, man nimmt dadurch auch selbst einen Raum für sich ein. (Bewusst sprechen wir hier von der »Verneigung«, nicht von der »Verbeugung« – gebeugte Menschen können sich oft nicht mehr aufrichten.)

Die Mönche haben verschiedene Formen der Verneigung entwickelt: die *inclinatio capitis* – eine Verneigung des Kopfes, nur der Hals neigt sich; die *inclinatio mediocris*, eine mittlere Verneigung, in der sich auch die Brust herabbeugt; die *inclinatio profunda*, bei der sich der Mönch tief herabbeugt. Die stärkste Form der Verneigung ist die *prostratio*. Dazu wirft sich der Mönch mit seinem gesamten Leib flach auf den Boden und darin bringt er seine vollkommene Hingabe an Gott und seinen Respekt ihm gegenüber zum Ausdruck.

In der Benediktsregel heißt es, jeder solle »Christus im Bruder« sehen, und nicht nur im Mitbruder, sondern (gerade) auch in den Gästen des Klosters und den Kranken:

*Man neigt den Kopf oder wirft sich ganz zur Erde nieder, um in den Gästen Christus zu verehren, der auch wirklich aufgenommen wird.*
**RB 53,7**

Vor allem den Schwachen, denen gegenüber man sich selbst als stark und groß erlebt, soll man sich also, mit der Verneigung oder gar der Niederwerfung klein machen.

# Was
singen die Mönche und Nonnen?

# Der Aufbau der Gebetszeiten

Die Tagzeitenliturgie eröffnet einen Raum, in dem der Einzelne sein eigenes Leben überdenken und über sein Verhältnis zu Gott und zu seinen Mitmenschen nachsinnen kann. Schweigen und Hören, Antworten und Reden sind die Elemente des Stundengebets, die aus der je eigenen Mitte des Einzelnen herauskommen und immer wieder neue Antworten auf die alten Fragen finden helfen.

In den Gebetszeiten kommen verschiedene Elemente in unterschiedlicher Reihenfolge immer wieder vor. In allen Stundengebeten gibt es Psalmen und Cantica, Lesungen und Antwortgesänge, Hymnen und Orationen und – in den Laudes und der Vesper – (Für-)Bitten und das Vaterunser.

Die Struktur des Stundengebetes und der Tagzeitenliturgie lässt sich vor allem an den beiden großen Horen, Laudes und Vesper, darstellen, wobei wir im Folgenden explizit von der monastischen Stundenliturgie ausgehen, die aufgrund liturgietheologischer Überlegungen einen etwas anderen Aufbau hat als das Stundengebet der Weltkirche. Darüber hinaus sollen nach der Weisung des heiligen Benedikt in einer Woche alle 150 Psalmen gebetet werden, was bei der gekürzten Form und Aufteilung im Stundenbuch der Weltkirche nicht möglich ist. In der Regel Benedikts wird hier in besonderer Weise die Weisheit und Weitsicht Benedikts sichtbar. Er schreibt:

*Wir machen ausdrücklich auf Folgendes aufmerksam: Wenn jemand mit dieser Psalmenordnung nicht einverstanden ist, stelle er eine andere auf, die er für besser hält.*

**RB 18,22**

Gleichzeitig legt Benedikt Wert auf eine strenge Einhaltung des Gebets aller 150 Psalmen:

*Doch achte er (der Abt) unter allen Umständen darauf, dass jede Woche der ganze Psalter mit den 150 Psalmen gesungen und zu den Vigilien am Sonntag stets von vorn begonnen wird.*

**RB 18,23**

Benedikt begründet seine Strenge mit dem Blick auf das Psalmengebet der frühen Mönche, die als Einsiedler in der ägyptischen Wüste gelebt haben:

*Denn Mönche, die im Verlauf einer Woche weniger singen als den ganzen Psalter mit den üblichen Cantica, sind zu träge im Dienst, den sie gelobt haben. Lesen wir doch, dass unsere heiligen Väter in ihrem Eifer an einem einzigen Tag vollbracht haben, was wir in unserer Lauheit wenigstens in einer ganzen Woche leisten sollten.*

**RB 18,24–25**

## Die Architektur des Stundengebetes

Den Aufbau des Stundengebetes kann man mit einem Gang durch eine Kirche vergleichen:

Bevor man den eigentlichen Kirchenraum betritt, steigt man einige Stufen nach oben, schreitet durch ein Portal oder durch ein sogenanntes Paradies. Dies entspricht im Stundengebet dem Eröffnungsversikel »O Gott, komm mir zu Hilfe, Herr, eile mir zu helfen«, den auch schon Benedikt in seiner Klosterregel vor über 1500 Jahren vorgeschrieben hat (RB 18,1).

Hier geschieht die Einstimmung und Bereitung auf den Gottesdienst: Das, was uns eben noch beschäftigt hat, kann hinter uns, außen vor bleiben, weil jetzt nicht mehr das *labora*, die Arbeit mit ihren Sorgen und Mühen, im Vordergrund steht, sondern im *ora*, im Gebet, die Ausrichtung auf Gott geschieht.

Ist man in die Kirche eingetreten und schreitet im Kirchenschiff durch den Mittelgang Schritt für Schritt nach vorne, so nähert man sich immer weiter dem Chorraum. Diesem Voranschreiten entspricht im Stundengebet der Psalmenkorpus. Einen Psalm nach dem anderen singend, schreitet der Beter näher hin auf die Begegnung mit Gott.

Der Vierung der Kirche, wo sich in klassischen Kirchen Langhaus und Querhaus kreuzen, entspricht im Stundengebet die Verkündigung des Wortes Gottes in Form der Lesung aus dem Alten oder Neuen Testament.

Auf diese Begegnung antwortet der Beter mit dem Responsorium, dem kurzen Antwortgesang, der das Gehörte meditierend aufgreift.

Hinter der Vierung liegt der Chorraum, also der eigentliche Sakralraum der Kirche mit dem Altar, der das Symbol für Christus ist und auf dem dieser Christus bei der Eucharistiefeier in Gestalt von Brot und Wein gegenwärtig wird. Wenn man, um im Bild zu bleiben, in der Stundenliturgie hier angekommen ist, folgt zunächst der poetische Höhepunkt, der Hymnus, und dann der theologische Höhepunkt, das Canticum aus dem Neuen Testament.

Im Scheitelpunkt des Halbrunds der ▸Apsis angelangt, dort, wo sich in vielen Kirchen eine Christusdarstellung, ein Kreuz oder ein Hochaltar findet, folgt im Stundengebet das Gebet des Herrn, das Vaterunser.

Im Vordergrund der Gebetszeiten steht jedoch das Gebet der Psalmen, weshalb im Folgenden darauf näher eingegangen wird.

# Die Psalmen –
# Gebete wie Landkarte und Stab

Das Buch der Psalmen, dessen hebräischer Name *tehillim* (Lobgesänge) beziehungsweise griechischer Name *psalmoi* (Lieder zur Harfe) lautet, ist nicht die einzige Sammlung von Liedern in der Bibel. Das »Buch der Sprichwörter« oder die »Klagelieder« etwa stellen auch solche Sammlungen von Gesängen dar. Darüber hinaus finden sich im Alten wie im Neuen Testament an verschiedenen Stellen sogenannte *Cantica*, also Lieder.

Dennoch sind vor allem die Psalmen wichtiger Bestandteil des Stundengebetes und der Messfeier. Neben den bekannteren und gern gesungenen Lob- und Dankpsalmen gibt es auch viele weitere Gattungen wie Wallfahrts- oder Jahwepsalmen. Doch nicht alle Psalmtexte gehen den Betenden leicht über die Lippen – manche sind düster, anstößig, ja grausam. – Wie gehen wir im Stundengebet damit sinnvoll um? Ein Beispiel:

Psalm 137 etwa ist ein Gebet des jüdischen Volkes, das in der Zeit der babylonischen Gefangenschaft erdichtet wurde und das Heimweh nach dem Zion besingt. Im katholischen Gesangbuch *Gotteslob* unter Nummer 754 findet man dieses Lied dann folgerichtig als Klagepsalm. Bei genauerem Hinsehen bemerkt man jedoch, dass von den neun Psalmversen nur die ersten sechs abgedruckt sind. Hier der Psalmtext, versehen mit Verszahlen, in seiner ganzen Länge:

### PSALM 137

1 *An Babels Strömen saßen wir und weinten, ** \
*da wir an Zion dachten.*

2 *An die Weiden in jenem Land ** \
*hängten wir unsere Harfen.*

3 *Denn dort verlangten von uns die Zwingherren Lieder, /* \
*unsere Peiniger forderten Jubel: ** \
*»Singt uns eins von den Liedern Zions!«*

4 *Wie könnten wir singen die Lieder des Herrn ** \
*fern, auf fremder Erde?*

5 *Wenn ich dich je vergesse, Jerusalem, ** \
*dann soll meine Rechte die Griffe vergessen!*

6 *Die Zunge klebe mir am Gaumen, /* \
*wenn ich deiner nicht mehr gedenke, ** \
*wenn ich Jerusalem nicht zum Gipfel meiner Freude* \
*erhebe.*

7 *Gedenke, Herr, des Tages von Jerusalem, /* \
*denk an die Söhne Edoms, die sagten: »Reißt nieder, ** \
*bis auf den Grund reißt es nieder!«*

8 *Tochter Babel, der Verwüstung Geweihte, /* \
*wohl dem, der dir heimzahlt, ** \
*der dir antut, was du uns angetan.*

9 *Wohl dem, der deine Brut ergreift ** \
*und sie am Felsen zerschmettert.*

Es wird klar, warum die Verse 7–9 im Gotteslob weggelassen wurden: Das Klagelied hat sich in einen derben
Fluch gewandelt! Betrachtet man ausschließlich diese
letzten drei Verse, ist die Frage berechtigt: Ist das Gebet?
Hier ein weiteres Beispiel, Psalm 69, Verse 24 bis 26:

24 *Ihr Auge soll sich verfinstern, sodass sie nicht sehn, \**
   *mach ihre Hüften wanken für immer!*
25 *Schütte über sie deinen Grimm aus, \**
   *die Glut deines Zorns soll sie erreichen!*
26 *Es werde ihre Lagerstatt zur Öde, \**
   *in ihren Zelten soll niemand mehr wohnen!*

Kann der ▸Psalter, das Gebetbuch des Judentums, das
ins Christentum übernommen worden ist und seit der
Zeit der Urgemeinde im christlichen Gottesdienst Verwendung findet, überhaupt christliches Gebet sein, wenn
dort nicht nur geklagt, sondern an einer ganzen Reihe
von Stellen auch explizit geflucht und verflucht wird?

Es wird ersichtlich, dass dies nicht der richtige Weg
sein kann, mit dem Psalter umzugehen – nur in ihrem
Kontext sind die angeführten Beispiele richtig zu verstehen. Zu einem weiteren Verständnis hilft natürlich auch,
die historische Situation des Beters zu kennen.

Noch einmal zurück zu Psalm 137: Beim aufmerksa-
men Lesen fällt auf, dass die ersten Sätze im Perfekt, in
der Vergangenheit, geschrieben sind. Das bedeutet aber,
dass dieses Lied nicht während, sondern erst nach der
babylonischen Gefangenschaft verfasst worden ist. Auch

der Fluch am Ende des Psalms ist – zumindest für den öffentlichen Vortrag in einem größeren Kreis inmitten der babylonischen Peiniger – undenkbar. Diese Feststellung führt uns zu der Einsicht, dass die Gemeinschaft, die diesen Psalm betet, nicht die Exilsgemeinde, sondern eine spätere Generation ist.

Und das macht das Faszinierende an den Psalmen aus: Sie beinhalten die Erfahrung des israelitischen Volkes von seiner Entstehungszeit ungefähr 1300 v. Chr. bis etwa in die hellenistische Zeit um 300 v. Chr. hinein. Das bedeutet: Die Psalmen sind Gesänge eines Volkes, das sich seiner eigenen Geschichte bewusst ist, einer Geschichte, die immer auch verwoben ist in die Geschichte des israelitischen Volkes mit seinem Gott. Zwei Voraussetzungen sind dabei zu berücksichtigen:

Erstens war Religion im Bewusstsein des Volkes Israel nicht losgelöst von den Erfahrungen des Alltags. Israels Religion war Ausdruck der lebendigen Erfahrung des Heiligen und geprägt von dem Bewusstsein der Gegenwart Jahwes. Für uns heutige Menschen ist das nur schwer nachvollziehbar. Wir leben in einer weithin säkularisierten Gesellschaft, in der die Religion, der Kult, das Gebet in die Privatsphäre des Einzelnen zurückgedrängt worden sind. Religionsausübung hat in unserer Gesellschaft nur noch einen vergleichsweise geringen Stellenwert. Religion ist heute eher Ausdruck der Sehnsucht nach dem Heiligen, nur zaghaft die Gegenwart Gottes erahnend. Für Israel aber sind die Psalmen die lebendige Antwort auf Gottes Anrede seines Bundesvolkes.

Die zweite Voraussetzung bei der Betrachtung der Psalmen betrifft wiederum zwei ganz unterschiedliche Erfahrungshorizonte der damaligen und der heutigen Menschen – denn die Antwort Israels auf Gottes An- und Zurede ist eine ganz persönliche. Ob in einem Psalm »ich« oder »wir« steht, spielt keine Rolle. Die Frage, ob das »Ich« kollektiv oder individuell verstanden werden soll, ist ein modernes, erst seit der Aufklärung stärker werdendes Phänomen. Wenn der Israelit »ich« sagte, wusste er sich vor allem im Gebet als Teil, als »Wir« des Bundesvolkes.

In den Psalmtexten kommt aber nicht einfach eine vereinheitlichte, »offizielle« Stimme Israels zu Wort, sondern zu hören ist die Vielzahl der Stimmen des Volkes. Es sind die Erfahrungen des Volkes Israel durch die Jahrhunderte hindurch, die in den Gebetstexten aufgenommen wurden: seine Entstehung; die Flucht aus Ägypten; die Inbesitznahme des verheißenen Landes; Krieg; die Stärken eines großen davidischen Reiches; sein Zerbrechen und Niedergang; die Schuld des Volkes; Glanz und Niedergang seiner Städte; Exilserfahrung und Heimkehr.

Daher finden sich auch alle möglichen Situationen und Erfahrungen menschlichen Daseins in den Psalmen wieder: Geburt und Sterben, Leben und Tod, Glück und Leid, Arbeit und Feier, Gemeinschaft und Einsamkeit, Verzweiflung und Hoffnung, Liebe, Hass, Gewalt, Mord, Versöhnung, Vertrauen, Freude über die Schöpfung – und die Hoffnung auf einen treuen und gütigen

Gott. Darum wird in den Psalmen gejubelt und geflucht, gepriesen und geklagt, gehadert und gedankt ... Darin steckt unter anderem die ungeheure Kraft und Lebendigkeit der Psalmen, weil sie umfassend das menschliche Leben widerspiegeln.

Sicher, ihre Bilder und Begriffe stammen aus den unmittelbaren Lebenswelten ihrer Verfasser, aus den jeweiligen Landschaften, den kulturellen Gesellschaften und sozialen Schichten, aus ihren Mythen und Märchen und aus den von Generation zu Generation weitererzählten Geschichten der Vorfahren. Dies alles wird in den Psalmen zu dichterischen, bunten Collagen verdichtet. Aber gerade diese Buntheit ruft die Fantasie ihrer Leser, Beter und Sänger hervor: die Ahnung der Wahrheit urmenschlicher Erfahrung, die alle Menschen aller möglichen Zeiten miteinander verbindet.

Die Psalmen sagen etwas aus über Gott und über den Menschen in seiner Verfasstheit als Geschöpf Gottes, was zeitlos ist. Daher sind diese Texte für uns so wichtig, denn sie können auch in der Not des Glaubens und Betens unserer Tage sehr hilfreich sein: Wo unsere Worte verstummen müssen, da finden wir oftmals in den Psalmen vorformulierte Erfahrungen anderer Menschen in ähnlichen Situationen.

In den Psalmen kommen alle Dimensionen unseres Menschseins in großer Tiefe und Breite zu Wort. Sowohl die glaubende Gemeinschaft Israels als auch der Einzelne will sich vor Gott aussprechen. In der Existenz vor Gott, im Aussprechen seiner Ganzheit, profiliert sich das Bild des Menschen in seiner Würde und Größe – und in seinen tiefsten Abgründen ... Gott weiß, was in mir vorgeht! Ob ich meinem Nächsten in meinen Gedanken die Pest an den Hals wünsche oder ob ich in großer Liebe und Dankbarkeit einer Sache gedenke: Gott weiß darum!

Pater Meinrad Dufner schreibt in seinem Nachwort zur Textausgabe des Münsterschwarzacher Psalters:

»Gebet ist der Vorgang, sich zu bergen, sich zur Ruhe kommen zu lassen, sich einhüllen zu lassen, sich anzuschmiegen wie zu Kindertagen. Denn fortwährend empfängt der Mensch Wunden. Unterwegs kann es gar nicht anders zugehen. Also bedarf das Leben ständig einer Sprache, die auslotet; es braucht Worte, die schützen oder Heimat machen oder Ausweg zeigen; es muss Herbergen geben, wenn Nacht über einen fällt. Die Psalmen sind seit gut fünftausend Jahren von unzähligen Menschen derart gebraucht worden: Gebete wie Landkarte und Wanderstab.«

So darf ich in der Zwiesprache mit Gott – im Gebet also – auch fluchen und klagen, darf bitten und betteln. Ich darf aber auch segnen und loben – und so sind in einem Großteil des Psalters der Lobpreis und der Dank ganz wichtig. Nicht umsonst endet der Psalter mit dem wohl bekanntesten Lobpsalm:

1 *Halleluja!*
*Lobt Gott in seinem Heiligtum, ***
*lobt ihn in seiner mächtigen Feste!*

2 *Lobt ihn ob seiner gewaltigen Taten, ***
*lobt ihn in der Fülle seiner Hoheit!*

3 *Lobt ihn mit dem Schall der Posaunen, ***
*lobt ihn mit Harfe und Leier!*

4 *Lobt ihn mit Pauke und Reigen, ***
*lobt ihn mit Flöten und Saitenspiel!*

5 *Lobt ihn mit hellen Zimbeln, /*
*lobt ihn mit schmetternden Zimbeln! ***
*Alles, was Atem hat, lobe den Herren!*
*Halleluja!*

## Der Psalter als Gebetbuch der Kirche

Im Neuen Testament findet sich tatsächlich kein Hinweis darauf, dass die Psalmen fester Gebetsschatz der jungen Kirche gewesen sind. Vielmehr liegt die Vermutung nahe, dass die Psalmen wie im zeitgenössischen Judentum zur Erbauung und Belehrung in der Familie beziehungsweise in religiösen Gemeinschaften genutzt wurden.

Erst ab dem 4. Jahrhundert wird das Buch der Psalmen von den ägyptischen Wüstenvätern im Gottesdienst benutzt, um dann auch von den Mönchen des Abendlandes für ihre Tagzeitenliturgie verwendet zu werden.

Die Kirchenväter (bis ins 8. Jahrhundert) sind es, die Jesus als Psalmenbeter sehen und so den Psalter auch als Gebetbuch der Kirche propagieren. Die in den Psalmen häufig vorkommende Gottesanrede »Herr« wird nun auf Christus bezogen.

Um die nachösterliche Sicht der Psalmen zu verdeutlichen, werden die Psalmen spätestens seit dem 5. Jahrhundert mit der sogenannten trinitarischen Doxologie beschlossen: »Ehre sei dem Vater und dem Sohn und dem Heiligen Geist, wie im Anfang, so auch jetzt und alle Zeit und in Ewigkeit. Amen.«

## Die Verteilung der Psalmen

Wie schon beschrieben, war es früher üblich, täglich den kompletten Psalter mit allen 150 Psalmen zu beten. Heute ist das Stundengebet im westlichen Christentum so angelegt, dass alle 150 Psalmen im Laufe einer Woche gemeinsam gebetet werden.

Die nachstehende Tabelle, entwickelt von Benediktinerpater Notker Füglister, zeigt, wie sich die Psalmen im Stundengebet auf die einzelnen Tage und Zeiten einer Woche verteilen.

Wie erwähnt, werden in manchen Klöstern die Psalmen der Mittagshore in einen Zwei-Wochen-Rhythmus aufgeteilt. In der ersten Woche wird dann der längere Psalm gesungen, in der zweiten Woche die drei kürzeren Psalmen.

| Morgenhore | | | | Mittagshore | | Abendhore | Nachthore |
| Vigil | | | Laudes | | | (Vesper) | (Komplet) |
| Invit. | I | II | | I | II | | |
|---|---|---|---|---|---|---|---|
| | | | SONNTAG | | | | |
| 81 | 110 | 45 | 93 | 118 | 136 | 113 | 4 |
| | 18 | 9/10 | 3 | | | 114 | 91 |
| | 2 | 72 | 30 | | | 115 | 134 |
| | | | 147 | | | 116 | |
| | | | MONTAG | | | | |
| 29 | 1 | 94 | 100 | 25 | 120 | 33 | 34 |
| | 104 | 105 | 63 | | 121 | 61 | |
| | 71 | 112 | 101 | | 122 | 28 | |
| | | | 135 | | | 48 | |
| | | | DIENSTAG | | | | |
| 67 | 6 | 74 | 98 | 42/43 | 123 | 75 | 139 |
| | 107 | 73 | 90 | | 124 | 140 | |
| | 7 | 77 | 65 | | 125 | 26 | |
| | | | 117 | | | 145 | |
| | | | MITTWOCH | | | | |
| 46 | 78 | 58 (53) | 97 | 44 | 126 | 103 | 32 |
| | 132 | 19 | 36 | | 127 | 86 | 62 |
| | | 49 | 57 | | 128 | 85 | 133 |
| | | 82 | 149 | | | 87 | |

| Morgenhore | | | | Mittagshore | | Abendhore | Nachthore |
|---|---|---|---|---|---|---|---|
| Vigil | | | Laudes | | | (Vesper) | (Komplet) |
| Invit. | I | II | | I | II | | |
| | | | DONNERSTAG | | | | |
| 24 | 39 | 50 | 47 | 55 | 129 | 111 | 102 |
| | 37 | 68 | 76 | | 130 | 23 | |
| | 41 | 83 (108) | 5 | | 131 | 84 | |
| | | | 148 | | | 40 | |
| | | | FREITAG | | | | |
| 8 | 88 | 60 | 96 | 22 | 11 | 144 | 31 |
| | 69 | 106 | 143 | | 12 | 141 | |
| | 38 | 79 | 64 | | 13 | 142 | |
| | | | 146 | | | 27 | |
| | | | SAMSTAG | | | | |
| 95 | 59 | 137 | 99 | 35 | 52 | 66 | 15 |
| | 109 | 89 | 51 | | 14 | 20 | 17 |
| | 56 | 80 | 92 | | 54 | 21 | 16 |
| | | | 150 | | | 138 | |

In dieser Tabelle nicht enthalten sind Psalm 70, der weitgehend mit Psalm 40,14–18 übereinstimmt (und dessen Vers »O Gott komm mir zur Hilfe, Herr, eile mir zu helfen« ohnehin zu Beginn von Laudes und Vesper gesungen wird), und Psalm 119, von dem täglich eine seiner zweiundzwanzig »Strophen« nach der Lesung der Vigil als Responsorium gesungen wird.

Ebenfalls von dieser Tabelle abweichend, wird ausnahmsweise an besonderen Tagen in den Laudes der dritte Psalm durch ein alttestamentliches Canticum ersetzt. So wird zum Beispiel an Weihnachten (und an anderen Festtagen) der »Lobgesang der drei jungen Männer« (Daniel 3,57–88) gesungen:

57 *Preiset den Herrn, all ihr Werke des Herrn, ***
*lobt und erhebt ihn in Ewigkeit!*

58 *Preiset den Herrn, ihr Engel des Herrn, ***

59 *ihr hohen Himmel, lobpreiset ihn!*

60 *Preiset den Herrn, alle Wasser droben am Himmel, ***

61 *all ihr Mächte, lobpreiset ihn!*

62 *Preiset den Herrn, Sonne und Mond, ***

63 *ihr Sterne am Himmel, lobpreiset ihn!*

64 *Preiset den Herrn, jeder Regen und Tau, ***

65 *all ihr Stürme, lobpreiset ihn!*

66 *Preiset den Herrn, Feuer und Glut, ***

67 *Frost und Hitze, lobpreiset ihn!*

68 *Preiset den Herrn, ihr Tropfen des Taus, /*
*ihr Flocken des Schnees, ***

69 *Eis und Kälte, lobpreiset ihn!*

70 *Preiset den Herrn, ihr Kristalle von Schnee und Raureif, ***

71 *ihr Blitze und Wolken, lobpreiset ihn!*

72 *Preiset den Herrn, ihr Nächte und Tage, ***
*Licht und Dunkel, lobpreiset ihn!*

73 *Du, Erde, preise den Herrn, **
*lob und erheb ihn in Ewigkeit!*

75 *Preiset den Herrn, ihr Berge und Hügel, **

76 *alles, was sprosst auf der Erde, lobpreise ihn!*

77 *Preiset den Herrn, ihr Quellen, **

78 *ihr Meere und Ströme, lobpreiset ihn!*

79 *Preiset den Herrn, ihr Ungeheuer der See /*
*und alles, was sich regt in den Wassern, **

80 *all ihr Vögel des Himmels, lobpreiset ihn!*

81 *Preiset den Herrn, all ihr Tiere, wilde und zahme, **

82 *all ihr Menschen, lobpreiset ihn!*

83 *Du, Israel, preise den Herrn, **
*lob und erheb ihn in Ewigkeit!*

84 *Preiset den Herrn, ihr Priester des Herrn, **

85 *ihr seine Knechte, lobpreiset ihn!*

86 *Preiset den Herrn, ihr Heiligen /*
*und ihr gebeugten Herzen, **

87 *ihr Geister und Seelen der Gerechten, lobpreiset ihn!*

88 *Preiset den Herrn, Hananja, Asarja und Mischael, **
*lobt und erhebt ihn in Ewigkeit!*
*Denn er entriss uns der Unterwelt, **
*er hat uns errettet aus der Hand des Todes.*
*Er befreite uns aus dem lodernden Ofen, **
*er hat uns erlöst aus der Mitte des Feuers.*
*Lasst uns preisen den Vater und den Sohn*
*mit dem Heiligen Geist, **
*ihn loben und erheben in Ewigkeit!*

# Wie
singen die Mönche?

# Psalmodie –
# Die Praxis des Psalmsingens

Wie wir gesehen haben, werden in den Psalmen verschiedene Lebens- und Glaubenssituationen thematisiert. Daher lassen sich im Wesentlichen folgende Gattungen unterscheiden: Lobpsalmen (Hymnen), Klagelieder, Danklieder, ►eschatologische Psalmen (Königspsalmen) und Lehrpsalmen (Weisheitslieder). Trotz dieser Unterschiedlichkeit gibt es dennoch ein formales Mittel, das allen Psalmen gemein ist: der ►*Parallelismus membrorum*, das Parallellaufen der Satzglieder. Jeder Psalmvers wird in zwei (manchmal drei) Abschnitte unterteilt, die miteinander in Beziehung stehen.

Der Psalmvers gleicht einem Rundbogen einer romanischen Kirche, der auf zwei Säulen steht: Spannung wird aufgebaut – dies entspricht der ersten Hälfte des Psalmverses –, und Spannung wird wieder abgebaut – dies entspricht der zweiten Hälfte des Psalmverses. In der Mitte dieser Anspannung und Entspannung wird beim ►Psallieren innegehalten – dies entspricht dem Schlussstein im gemauerten Rundbogen.

Dieser Bogen kann nur Bestand haben, wenn der Schlussstein intakt ist, denn er muss den ganzen Druck

## Formen des Parallelismus

Man unterscheidet vier verschiedene Formen des Parallelismus:

*1. Der synonyme Parallelismus*
Die Aussage der ersten Zeile wird in der zweiten Zeile mit gleichen oder ähnlichen Worten wiederholt:

> *Entfremdet bin ich den eigenen Brüdern,*
> *den Söhnen meiner Mutter wurde ich fremd.*
> **Ps 69,9**

*2. Der antithetische Parallelismus*
Die Aussage der ersten Zeile wird in der zweiten Zeile durch ihr Gegenteil bekräftigt:

> *Denn der Herr kennt den Weg der Gerechten,*
> *der Weg der Frevel aber führt in den Abgrund.*
> **Ps 1,6**

### 3. Der synthetische Parallelismus

Die Aussage der ersten Zeile wird in der zweiten Zeile mit gleichen oder ähnlichen Worten ergänzt. Zum besseren Verständnis wird hier auch der vorangehende Vers (in Klammern) zitiert:

> *(Der Stein, den die Bauleute verwarfen,*
> *er ist zum Eckstein geworden.)*
> *Das hat der Herr vollbracht,*
> *vor unseren Augen geschah dieses Wunder.*
> **Ps 118,22f**

### 4. Der klimaktische Parallelismus

Die Aussage der ersten Zeile wird in der zweiten Zeile mit gleichen oder ähnlichen Worten aufgegriffen und weitergeführt:

> *Dir haben unsere Väter vertraut,*
> *sie haben vertraut, und du hast sie gerettet.*
> **Ps 22,5**

tragen. So ist auch das Innehalten zwischen den beiden Vershälften nicht einfach ein »Pause-Machen«, sondern vielmehr ein Spannung-Halten.

## Der Aufbau eines Psalmverses

Beim Singen von Psalmen wird der *Parallelismus membrorum* durch die sogenannte ▸*Interpunktionsmelismatik* bekräftigt: Während beim gesungenen Vortrag die Textrezitation auf einem gleichbleibenden Ton erfolgt, werden die im Text gesetzten Satzzeichen (Interpunktionen) mit kleinen Tonverzierungen (Melismen) versehen und damit hörbar gemacht – hier ein Beispiel aus Psalm 150:

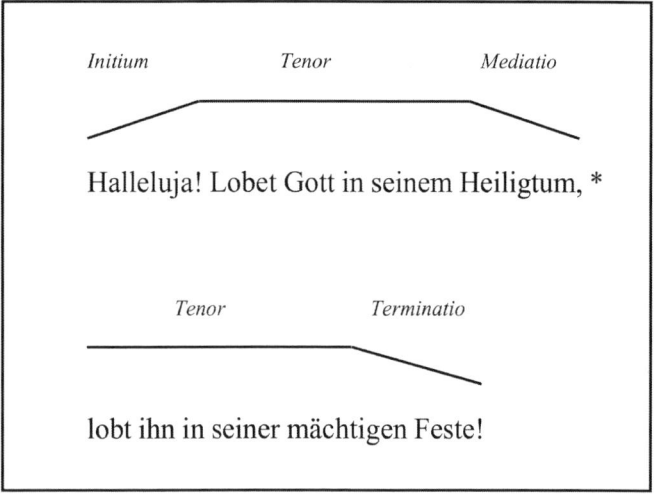

Die Versmelodie steigt über ein oder zwei einleitende Töne (das sogenannte ▸Initium) gleichsam als ▸Intonation auf zum ▸Rezitationston (▸Tenor), verharrt auf der Tenorstufe, verlässt diese aber vor dem Ende der ersten Vershälfte mit der ▸Mittelkadenz (▸Mediatio). Die zweite Vershälfte beginnt sofort auf dem Tenor und verlässt die Satzmelodie vor dem Ende mit der ▸Schlusskadenz (▸Terminatio).

Die Struktur dieser Interpunktionsmelismatik (die wir weniger ausgefeilt auch in unserer gesprochenen Alltagssprache verwenden) stellt das Grundschema für das Singen von Psalmversen dar.

## Arten des Psalmvortrags

Nicht nur im Stundengebet wird psalmodiert, sondern überall dort, wo die Psalmen mit Hilfe der Psalmtöne zum Klingen gebracht werden, spricht man von Psalmodie. Dabei gibt es verschiedene Arten des Vortrags:

*1. Direkter Vortrag (▸Psalmus in directum)*
Der Psalm wird von einem Kantor ohne Umrahmung oder Unterbrechung durch eine Antiphon oder einen Kehrvers vorgetragen, zum Beispiel bei der gesungenen Psalmlesung.

*2. ▸Respondierender Vortrag (▸Responsoriale Psalmodie)*
Der Kantor trägt den Psalm Vers für Vers vor, und die Gemeinde antwortet nach jedem Vers oder nach jeder inhaltlich zusammengehörenden Versgruppe mit einem gleichbleibenden Kehrvers (▸Responsum), zum Beispiel beim ▸Antwortpsalm im Wortgottesdienst.

*3. ▸Antiphonierender Vortrag*
Ein Kantor oder eine Schola singt den Psalm Vers für Vers im Wechsel mit der Gemeinde. Umrahmt wird der Psalm durch eine gemeinsam gesungene Antiphon (Rahmen- oder Leitvers), zum Beispiel in der Stundenliturgie.

Schematisch dargestellt sieht das folgendermaßen aus:

| in directum | respondierend | antiphonierend |
|---|---|---|
| Vers 1 (K) | Responsum (K) | Antiphon (K) |
| Vers 2 (K) | Responsum (G) | Antiphon (G) |
| Vers 3 (K) | Vers 1(K) | Vers 1 (K) |
| Vers 4 (K) | Responsum (G) | Vers 2 (G) |
| Vers 5 (K) | Vers 2 (K) | Vers 3 (K) |
| Vers 6 (K) | Responsum (G) | Vers 4 (G) |
| Vers 7 (K) | Vers 3 (K) | Vers 5 (K) |
| Vers 8 (K) | Responsum (G) | Vers 6 (G) |
| ... | ... | ... |
| Vers n (K) | Vers n (K) | Vers n (K oder G) |
| Doxologie (K) | Responsum (G) | [Antiphon (G)] |
| | Doxologie (K) | Doxologie (K oder G) |
| | Responsum (G) | Antiphon (G) |

(K) = Kantor/Vorsänger/Schola, (G) = Gemeinschaft/Gemeinde

Sowohl der Kehrvers (Responsum) als auch die Antiphon haben in der Regel textlich eine Kernaussage des Psalms zum Inhalt, wobei an besonderen Tagen – etwa an Heiligenfesten oder in den Festzeiten des Jahreskreises – durchaus auch andere, nicht psalmodische Texte auf den Charakter des Festes oder der geprägten Zeit hinweisen und den Psalm damit inhaltlich deuten.

## Funktionen der Psalmodie

Wie es drei verschiedene Vortragsarten der Psalmodie gibt, so unterscheidet man auch drei verschiedene Funktionen der Psalmodie:

*1. ▸Begleitpsalmodie*
Der Psalmgesang begleitet eine Handlung oder eine Prozession. Es kommt der antiphonierende Vortrag zur Anwendung, wobei die Antiphon nach jedem Psalmvers wiederholt werden kann. Die Anzahl der gesungenen Psalmverse richtet sich nach der Dauer der zu begleitenden Handlung, zum Beispiel beim Einzug zur Messfeier (etwa der ▸Introitus im Gregorianischen Choral) oder bei der Gabenbereitung (zum Beispiel im Gotteslob Lied Nr. 534 mit Versen aus dem Chorbuch zum Gotteslob).

*2. ▸Vortragspsalmodie*
Der Kantor oder eine Schola tragen einen Psalm ganz oder teilweise vor, die Gemeinde antwortet mit dem Responsum. Bei dieser Form der Psalmodie steht der Verkündigungscharakter im Vordergrund, weshalb eine sorgfältige Artikulation vonnöten ist; zum Beispiel beim Antwortpsalm nach der Lesung im Wortgottesdienst.

### 3. ▸*Offiziumspsalmodie*

Bei der Psalmodie in der Stundenliturgie singt der Kantor oder eine Vorsängergruppe den Psalm im Wechsel mit der zum Gottesdienst versammelten Gemeinde. Die Psalmen werden von Antiphonen eingerahmt. Hierbei steht nicht die Verkündigung des Textes im Vordergrund, sondern die Meditation. Die Wortverkündigung und -betrachtung tritt zurück hinter das einfache Rezitieren einer immer gleichbleibenden und wiederkehrenden Psalmodieformel.

Die gleichförmige Charakteristik dieser Formel erfordert viel weniger Aufmerksamkeit als das gemeinsame Sprechen eines Textes – dies ist den Psalmen ohnehin nicht angemessen, da es sich um Lieder handelt – und lenkt gleichzeitig die Betrachtung hin auf den Text und die eigentliche Intention der Offiziumspsalmodie: die Meditation.

# Grundlagen
des Gregorianischen Chorals

# Der Gregorianische Choral

Bis in das 6./7. Jahrhundert hinein wurden in West- und Südeuropa unterschiedliche Stile des Kirchengesangs gepflegt. Unter Papst Gregor I. (540–608, Papst ab 590) soll damit begonnen worden sein, diese Gesänge zu sammeln und in einem Kanon zu fassen. Die liturgischen Gesänge der so entstandenen Sammlung wurden und werden nach dem Namen des Papstes als ▸Gregorianischer Choral bezeichnet.

Der Gregorianische Choral wurde zum einheitlichen Ritus der römisch-katholischen Kirche. Belegt sind heute reine Textsammlungen aus dem 8. Jahrhundert – es gab damals noch keine Notenschrift zur Aufzeichnung der Melodien.

Die ersten Notationszeichen, die zur heute in den Gesängen des Gregorianischen Chorals – und damit auch im Stundengebet – verwendeten ▸Quadratnotation führten, entstanden rund zweihundert Jahre nachdem die Sammlung der liturgischen Gesänge abgeschlossen war.

# Die Quadratnotation

## Kleiner Einblick in die Geschichte der Quadratnotation

Die Verwendung der Quadratnotation ist eng mit der geschichtlichen Entwicklung des Gregorianischen Chorals, also auch der Gesänge des Stundengebets, verknüpft.

Wie erwähnt, waren im 8./9. Jahrhundert die Gesänge des Gregorianischen Chorals noch nicht mit Notationen oder Hinweisen zum Gesang versehen – es wurde auswendig gesungen. Erst im 10. Jahrhundert begann man, die Texte mit sogenannten ▸Neumen (to neuma [griech.] = der Wink, das Handzeichen;) zu versehen, die aber im Wesentlichen Anhaltspunkte für den »Dirigenten« waren, wie der Gesang anzuleiten sei. Die Neumen gaben weder eine (▸absolute) Tonhöhe vor, noch bestimmten sie die Rhythmik des Gesanges. Beides musste nach wie vor auswendig gelernt werden.

Die Entwicklung der Notenschrift bis hin zur Quadratnotation soll hier am Beispiel der ersten drei Worte des ▸Communio-Gesanges vom ersten Adventssonntag »Dominus dabit benignitatem« – »Der Herr gibt das Gute« (Ps 85,13) veranschaulicht werden:

Im ▸*Missale von Werden* (Codex D1 der Universitätsbibliothek von Düsseldorf) aus dem 10. Jahrhundert finden sich diese sogenannten paläofränkischen Neumen über dem gesungenen Text.

Der *Codex Einsiedeln* (Codex 121 der Stiftsbibliothek von Einsiedeln) aus der ersten Hälfte des 10. Jahrhunderts ist ein wertvoller Zeuge für die Sankt Galler Neumen und auch heute noch ein wichtiges Hilfsmittel für eine korrekte Interpretation des Gregorianischen Chorals.

Der *Codex Laon* (Codex 239 der Bibliotheque Municipale von Laon), um 930 geschrieben, enthält die sogenannte Metzer Notation, die eine wichtige Ergänzung zur Sankt Galler Notation darstellt.

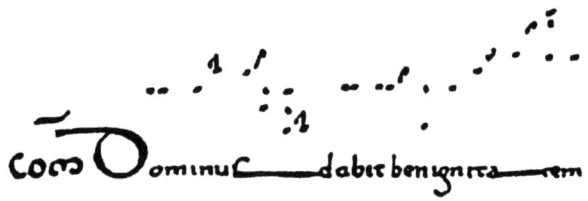

Der *Codex Montpellier* (Codex H 159 der Medizinischen Fakultät in Montpellier) aus dem 11. Jahrhundert enthält französische Neumen und gibt mit Hilfe von Tonbuchstaben den genauen Melodieverlauf der Gesänge an, wie sie in Montpellier erklungen sind.

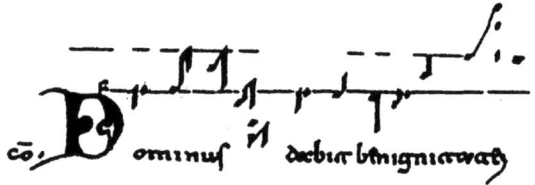

Der *Codex Albi* aus dem 11. Jahrhundert (Codex lat. 776 der Nationalbibliothek in Paris) zeigt die Aquitanische Notation auf (unsichtbaren) Linien und gibt sehr genaue Intervalle wieder.

Der *Codex Benevent 34* (Codex 34 der Bibliotheca Capitolare von Benevent) aus dem 11./12. Jahrhundert, zeigt die Beneventanische Notation, nun schon auf zwei sichtbaren Linien zur Verdeutlichung der (▶relativen) Tonhöhe.

Der *Codex Verdun* aus der ersten Hälfte des 13. Jahrhunderts (Codex 759 der Bibliotheque Municipale von Verdun) fügt die Metzer Notation auf vier Linien ein. Durch die Einbindung der Neumen ins »Korsett« der Linien geht die ▸agogische, rhythmische Aussagekraft der Neumen aber verloren.

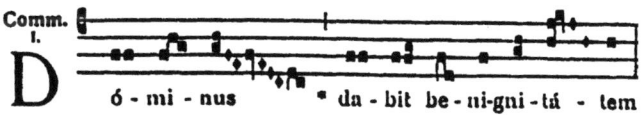

Dieselbe Stelle im ▸*Graduale Romanum* (*Graduale Romanum restitutum* von 1911) mit der heutigen Quadratnotation.

## Wie liest man die Quadratnotation?

Im Gegensatz zu unserem heute gebräuchlichen Notensystem, das aus fünf Notenlinien besteht, benötigt die Quadratnotation nur vier Linien. Die Linien selbst bekommen ihre tonale Qualifikation durch die verschiedenen Notenschlüssel – wir benutzen im Folgenden die Tonbezeichnungen der ▸Solmisation (also *do, re, mi, fa, sol, la, si*), um deutlich zu machen, dass wir hier nicht von absoluten Tonhöhen sprechen, sondern die Tonschritte gemeint sind:

*Notenschlüssel*

Der *do*-Schlüssel kann auf
verschiedenen Linien liegen:

Der *fa*-Schlüssel liegt in der Regel
auf der zweiten Linie von oben:

Durch die Position der beiden Notenschlüssel werden jedoch – im Gegensatz etwa zum Violin- oder Bassschlüssel unseres gebräuchlichen Notensystems – keine absoluten Tonhöhen angegeben, sondern nur die Tonschritte.

Es ergibt sich also diese Abfolge für Ganz- beziehungsweise Halbtonschritte: Ganztonschritte verbinden die Töne *do-re, re-mi, fa-sol, sol-la, la-si*, Halbtonschritte finden sich zwischen den Tönen *mi-fa* und *si-do*:

Zur Erweiterung des Tonraumes steht jeweils maximal eine Hilfslinie unterhalb beziehungsweise oberhalb des Systems zur Verfügung.

Wenn deshalb die Notation auf Grund ihres Systems an Grenzen stößt, weil der Tonraum im vorgegebenen System nicht mehr notiert werden kann, kann der Schlüssel auch innerhalb eines Stückes wechseln:

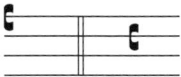

## *Alterationszeichen*

In der Quadratnotation kommt nur ein Zeichen zur ▸Alteration vor, nämlich das b  vor dem *si*, das das *si* um einen Halbton erniedrigt:

## Der Custos

Am Ende der einzelnen Zeilen einer Antiphon findet sich der sogenannte ►Custos (lat. = Wächter) in Form einer kleinen Note mit Notenhals. Er zeigt den Ton an, auf dem die Melodie in der nächsten Zeile fortgeführt wird, beziehungsweise zeigt an, auf welchem Ton bei einem Schlüsselwechsel innerhalb eines Responsoriums weitergesungen wird.

*Beispiele für verschiedene*
*Tonhöhen des Custos:*

Bevor etwas über *Dehnungs- und Gliederungszeichen* in der Quadratnotation gesagt werden kann, müssen einige grundlegende Dinge erklärt werden:

## Warum Quadratnotation?

Warum wird nun aber überhaupt die Quadratnotation verwendet, und nicht das geläufige Fünf-Linien-System?

Die musikalische Darstellung und Aufführung im Fünf-Linien-System wird durch metrische Angaben rhythmisch gegliedert. Selbst dort, wo man auf Taktstriche verzichtet, die eindeutige Rhythmen wie 3/4- oder 4/4-Takt kennzeichnen, gibt die Notierung der Noten als Viertel, Halbe oder Achtelnote ein Grundmetrum vor, das im Gesang umgesetzt wird.

Die Quadratnotation, die ja aus der Neumenschrift als »Dirigieranweisung« hervorgegangen ist und diese in übertragener Form auch heute noch darstellt, ist jedoch eine agogische Notation, die ganz vom Rhythmus der gesungenen Texte her gestaltet wird. Somit treten »Tempoänderungen« auf, die im Fünf-Linien-System nicht notiert werden können.

Diese Tempoänderungen sind wichtiger Bestandteil der musikalischen Interpretation durch die Sänger. Die Gesänge des Stundengebetes wollen allein vom Sprachrhythmus her gestaltet werden – denn erst dann wird der Text für die Zuhörerinnen und Zuhörer verständlich.

Das heißt: Gesprochen betonte Silben bleiben akzentuierte Silben im Gesang, unbetonte Silben bleiben unbetonte Silben. Daher werden auch im Sinne des Sprachrhythmus Endsilben leicht »abgefedert«.

In jedem Fall ist der Fluss der Sprache Kriterium für die Ausführung jedweder Art von psalmodischen Gesängen. Das »schwingende Singen des Textes«, so schreibt Adolf Rüdiger, »vermag die Gemeinde zu einem lebendigen Einstimmen anzuregen, in dem die aktive Teilnahme über die Stimme in Verbindung mit dem Atem auch körperlich erfahren werden kann. Auch in diesem lebendigen Mittun kann die Bereitschaft zu vertiefter Teilnahme am Geschehen im Gottesdienst wachsen« (A. Rüdiger, Zum Kantorendienst, S. 8f).

## Ein Wort zu Dehnungs- und Gliederungszeichen

Im Gegensatz zu unseren heutigen Hör- und Singgewohnheiten, die von einem gleichbleibenden Metrum und Rhythmus geprägt sind, sind also die gregorianischen Gesänge ganz vom Text her und mit Rücksicht auf dessen natürliche Längen und Betonungen zu singen.

Da keine Notation und kein noch so ausgeklügeltes Zeichensystem die Vielfalt rhythmischer Nuancen der lebendigen Sprache auch nur annähernd wiedergeben kann, hängt hier alles vom Einfühlungsvermögen der Sängerinnen und Sänger ab.

Als kleine Hilfestellungen wurde bei der Herausgabe des *Benediktinischen Antiphonales* jedoch entschieden, auf rhythmische Zusatzzeichen nicht ganz zu verzichten. Zu deren Erläuterung geben die folgenden Abschnitte einen Ausschnitt aus den im *Benediktinischen Antiphonale* beschriebenen »Hinweisen zur Ausführung der Gesänge« wieder:

### *Dehnungszeichen*

Wenn schon die feineren Abstufungen im rhythmischen Verlauf dem Sprachgefühl überlassen werden müssen, so sollte doch an besonders gekennzeichneten Stellen der Melodie wenigstens auf die Notwendigkeit deutlicherer Längungen aufmerksam gemacht werden. Allerdings geben auch diese im Folgenden beschriebenen Zeichen keine konkreten Dauerwerte an (ihr »Maß« muss sich im konkreten einzelnen Fall aus dem jeweiligen Textzusammenhang ergeben) und ihre Verschiedenheit bezieht sich weniger auf eine unterschiedliche Quantität der angezeigten Dehnungen als vielmehr auf deren unterschiedliche Qualität und Funktion:

Die herkömmliche Form des ▸Episems als *Strich über einer Note* ( ◌̄ ) steht über Silben, deren Betonung in einer durchaus »nachdrücklichen« Dehnung zum Ausdruck kommen darf.

Ein *kleiner Kreis über der Note* ( ◌̊ ) zeigt an, dass der Gesang dem natürlichen Laut- oder Sinngewicht einer Silbe Rechnung tragen soll, ohne sie jedoch durch »unterstreichenden« Nachdruck auffällig hervorzuheben.

Der *nach oben geöffnete Halbkreis* ( ◌̆ ) steht über unbetonten Silben, deren (meist nur behutsam anzudeutende) Längung eine vorausgehende Betonung »abfangen« oder die abgerundete melodische Artikulation kleinster Wort- und Sinneinheiten gewährleisten soll.

Dehnungen an den Satzenden beziehungsweise vor größeren oder kleineren Einschnitten werden nicht bezeichnet, da sie sich von selbst ergeben.

## *Gliederungszeichen*

Beim Vier-Linien-System gibt es fünf verschiedene Gliederungszeichen:

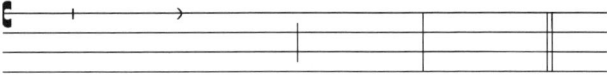

*Minima    Apostroph    Halbstrich    Ganzstrich    Doppelstrich*

Der »*Halbstrich*« gliedert den Gesang in gewisse Sinnabschnitte, der »*Ganzstrich*« gliedert den Gesang in Satzeinheiten. Durch einen *Doppelstrich* wird das Ende der Antiphon, des ►Responsums beziehungsweise des Verses angezeigt.

►*Minima* und ►*Apostroph* zeigen kleine ►Zäsuren in der Artikulation an, sind also keine Pausenzeichen, sondern lediglich eine Hilfe für die sinnvoll artikulierende Gliederung im Satz.

In überlangen Sätzen oder Satzteilen steht der Apostroph an Stellen, die keine Zäsur im eigentlichen Sinn erlauben, wohl aber ein leichtes, eine Binnengliederung respektierendes Beruhigen der Bewegung nötig machen und an denen noch am ehesten ein rasches und unauffälliges Atemholen möglich ist.

An anderen Stellen weist der Apostroph darauf hin, dass die »rhetorische Deutlichkeit« ein entsprechendes kurzes Innehalten verlangt und unter Umständen sogar ein artikulierendes, also gestaltendes (wenn auch keinesfalls zäsurierendes, also trennendes) Atmen erwünscht sein lässt.

In den Melodien der Hymnen dient der Apostroph (analog zum Zeichen / in den Texten der Hymnen) als Orientierungshilfe für das leichtere Erfassen der metrischen Struktur.

Auf keinen Fall sollten die Gliederungszeichen im Sinn einer trennenden Zäsur oder einer Pause verstanden und ausgeführt werden.

# Der Klang
der Psalmtöne

# Die Psalmtöne

Die ►Psalmtöne, auch ►Psalmtonmodi, kurz ►Modi genannt, sind die »Tonarten«, in denen die einzelnen Psalmen gesungen werden. Zur Beschreibung der Psalmtöne steigt dieses Kapitel etwas tiefer in die Musiktheorie ein, und ist so geeignet für Leserinnen und Leser, die es genauer wissen möchten. Leserinnen und Leser, denen dieser Teil zu theoretisch und vielleicht unverständlich sein mag, können hier getrost einige Absätze überspringen – zum Mitsingen und Erleben des Stundengebets ist eine derart vertiefte Kenntnis nicht unbedingt notwendig.

Nicht jeder Psalm kann in jedem Psalmton gesungen werden, wobei die Modi als »Tonarten« weder mit den heute verwendeten Dur- oder Molltonarten noch mit den Kichentonarten (dorisch, phrygisch ...) zu tun haben.

Die mittelalterlichen Musiktheoretiker haben festgestellt, dass alle Gesänge des Gregorianischen Chorals auf nur vier verschiedenen Schlusstönen enden – nämlich *re* (d), *mi* (e), *fa* (f) und *sol* (g). Sie haben dies im System des sogenannten ►Octoechos beschrieben.

Die spezifische Eigenart eines Schlusstons (einer ►Finalis) wird durch ihre Intervallfolge zur Oberterz und durch die Untersekund bestimmt. Falls eine andere Finalis vorkommt, handelt es sich um eine Transposition, und man muss die Intervallfolge zur Oberterz und die Untersekund bestimmen, um wieder auf die vier genannten Finaltöne zu kommen.

Unter dem Aspekt der Finaltöne und ihrer unmittelbaren tonalen Umgebung lassen sich vier Tonräume bestimmen, die mit griechischen Ordnungszahlen bezeichnet sind: ▸Protus (der Erste), ▸Deuterus (der Zweite), ▸Tritus (der Dritte) und ▸Tetrardus (der Vierte).

Nun sind die Psalmtöne schon eine spätere Entwicklung als die sogenannten ▸Urmodi C, D, E, bei denen sich die Melodie der Antiphon und die Psalmodie einzig und allein um einen dieser drei Töne gruppierte, denn Tenor und Finalis waren identisch. Mit dem Octoechos haben wir Psalmtonmodi, die zwei Spannungspole haben: eben die Finalis der Antiphon und den Tenor.

Jeder der eben genannten vier Tonräume – Protus, Deuterus, Tritus, Tetrardus – wird nochmals unterteilt in zwei verschiedene Arten: ▸*authentisch* wird ein Tonraum dann genannt, wenn der Tenor eine Quint über der Finalis liegt; ▸*plagal* wird ein Tonraum genannt, wenn der Tenor eine Terz beziehungsweise eine Quart über der Finalis liegt. Das bedeutet, dass sich die vier Tonräume in acht Unterkategorien unterteilen lassen, die in der Tabelle auf der rechten Seite zusammengefasst sind.

Die Auflistung der Modi macht deutlich, dass die Tenorstufe – abhängig von der Finalis und davon, ob es sich um einen authentischen oder plagalen Modus handelt – nicht immer auf der gleichen Tonstufe liegt.

Folgende Tenorstufen kommen vor: *fa* (f), *la* (a), *si* (h), *do* (c') und *re* (d'). Damit sind wiederum keine absoluten Tonhöhen gemeint. Vielmehr wird, wenn auch die Tenorstufe wechselt, immer der gleiche »klingende« (absolute) Ton für den Tenor gesungen.

| Psalmton | Tonraum | Tenor | Finalis | Intervall |
|---|---|---|---|---|
| I. Modus | *Protus authenticus* | la | re | Quint |
| II. Modus | *Protus plagalis* | fa | re | Terz |
| III. Modus | *Deuterus authenticus* | si* | mi | Quint |
| IV. Modus | *Deuterus plagalis* | la | mi | Quart |
| V. Modus | *Tritus authenticus* | do | fa | Quint |
| VI. Modus | *Tritus plagalis* | la | fa | Terz |
| VII. Modus | *Tetrardus authenticus* | re | sol | Quint |
| VIII. Modus | *Tetrardus plagalis* | do | sol | Quart |

* In fast allen heutigen Ausgaben findet man beim Deuterus authenticus als Tenor *do*. Tatsächlich ist der ursprüngliche Tenor jedoch *si*, der um einen Halbton nach oben verschobene Tenor ist eine spätere Entwicklung.

Für die textliche Unterlegung unter die Psalmtonmodelle ist die Unterscheidung wichtig, dass es bei den verschiedenen Psalmtönen ein- und zweiakzentige ►Kadenzen gibt. Bei der Unterlegung des Psalmmodells geht man bei einakzentigen Kadenzen vom letzten, bei zweiakzentigen Kadenzen vom vorletzten Wortakzent des Satzes aus und zählt so einfach die Silben für die Kadenz ab.

Die acht Psalmtonmodelle sehen demnach wie folgt aus (gekürzt nach dem *Benediktinischen Antiphonale*):

## I. Ton

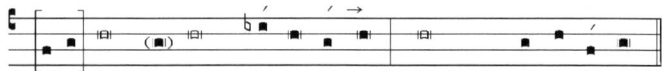

*Der Protus authenticus ist in der Mediatio zweiakzentig, in der Terminatio einakzentig.*

## II. Ton

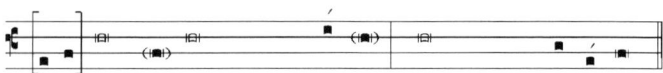

*Der Protus plagalis ist sowohl in der Mediatio als auch in der Terminatio einakzentig.*

## III. Ton

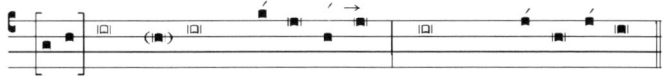

*Der Deuterus authenticus ist in der Mediatio und in der Terminatio zweiakzentig.*

## IV. Ton

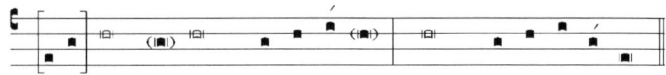

*Der Deuterus plagalis ist sowohl in der Mediatio als auch in der Terminatio einakzentig.*

## V. Ton

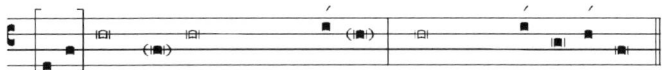

Der Tritus authenticus ist in der Mediatio einakzentig, in der Terminatio aber zweiakzentig.

## VI. Ton

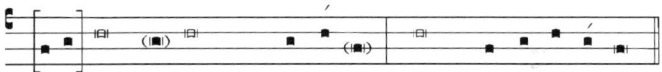

Der Tritus plagalis sowohl in der Mediatio als auch in der Terminatio einakzentig.

## VII. Ton

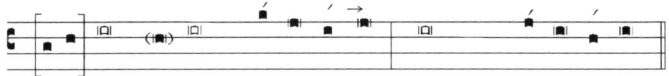

Der Tetrardus authenticus ist in der Mediatio und in der Terminatio zweiakzentig.

## VIII. Ton

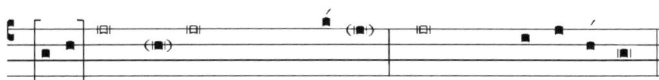

Der Tetrardus plagalis sowohl in der Mediatio als auch in der Terminatio einakzentig.

Jeweils am Ende der zu singenden Antiphonen wird die Schlusskadenz angegeben, weil diese sich ändern kann – die unterschiedlichen Endungsmöglichkeiten (►Differentiae der Terminatio) der Psalmtöne wurden deshalb in der vorangegangenen Aufstellung weggelassen (sie sind ausführlich in den Bänden des *Benediktinischen Antiphonales* beschrieben). Die Mittelkadenz (Mediatio) ändert sich bei den einzelnen Tönen jedoch nie und wird daher bei den Antiphonen nicht explizit angegeben.

Neben diesen acht Psalmtönen gibt es zwei weitere Melodiemodelle, die in der Psalmodie angewandt werden, die aber nicht in den Octoechos hineingehören: der *Tonus peregrinus* (übersetzt der »Fremde«, der »Wanderer«), bei dem die Rezitationsstufe (der Tenor) vom *la* im ersten Halbvers zu *sol* im zweiten Halbvers wechselt, wobei die Antiphon auf der Finals *sol* endet, und der *Tonus irregularis* (der »Außerhalb-der-Reihe-Liegende«), bei dem die Finalis der Antiphon (*la*) identisch mit dem Tenor ist:

## Tonus peregrinus

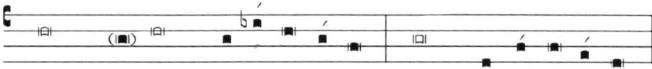

## Tonus irregularis

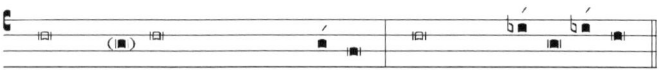

## Weitere Psalmtonmodelle

Neben den hier genannten Psalmtönen sind nach der Liturgiereform – vor allem in Frankreich und in England – eine ganze Reihe neuer psalmodischer Formeln entwickelt worden, auf die hier einzugehen zu weit führen würde. Darüber hinaus finden sich in den einschlägigen Kantorenbüchern, zum Beispiel im *Kantorenbuch zum Gotteslob*, erweiterte Modelle zu den Psalmtönen.

## Die klanglichen Charakteristiken der Psalmtöne

Es ist der spezifische Wechsel von Halb- und Ganztonschritten innerhalb der verschiedenen Tonskalen, der jeden Psalmton so einmalig macht, wobei der authentische und der plagale Ausdruck eines jeden Modus nicht nur in ihrer Finalis, sondern auch in ihrer Wirkungsweise miteinander verwandt sind. Im *Graduale von Albi* (vor 1079 geschrieben, Codex lat. 776 der Nationalbibliothek Paris), werden die vier Tonräume wie folgt charakterisiert: Der *Protus* wird beschrieben als »dramate« – »spannungsgeladen«. Vom *Deuterus* heißt es, er zeige »miro numine« – »wunderbare Erhabenheit«. Der *Tritus* wird als »micat« – »er tut sich hervor« gekennzeichnet. Der *Tetrardus* wird beschrieben als »orans« und »adlapam« – »betend« und »erhellend«, »erheiternd«. Eine neuere Charakterisierung der Psalmtöne gibt Godehard Joppich:

## I. Ton

- auch »Tonus solemnis« (lat. der feierliche, heilige Ton) genannt
- klingt schwebend, ist mit Sentiment zu singen, intim, traurig
- meist bei Klage- und Vertrauensliedern, zum Beispiel verwendet bei Psalm 11 (Vertrauensgebet), Psalm 51 (individuelles Klagelied)

## II. Ton

- auch »Tonus gravis« (lat. der ernste, bedeutsame Ton)
- klingt nicht heiter
- universell verwendbar, zum Beispiel Psalm 14 (Klagelied), Psalm 52 (Vertrauensgebet), Psalm 84 (Wallfahrtslied)

## III. Ton

- auch »Tonus immensus« (lat. der unendliche, unermessliche Ton)
- klingt unerfüllt, sehnsüchtig, innerlich erregt
- zum Beispiel Psalm 40 (Dank- und Klagelied), Psalm 75 (eschatologisches Triumphlied)

## IV. Ton

- auch »Tonus mysticus« (lat. der geheimnisvolle Ton)
- ruhig
- zum Beispiel Psalm 129 (Vertrauenslied des Volkes), Psalm 142 (individuelles Klagelied)

## V. Ton

- auch »Tonus laetus« (lat. der fröhliche, heitere Ton)
- literarisch
- meist Zionspsalmen, zum Beispiel Psalm 87 (Zions-lied), Psalm 148 (Jahwe-Hymnus)

## VI. Ton

- auch »Tonus serenus« (lat. der klare, ruhige Ton)
- ruhig und friedlich
- zum Beispiel Psalm 61 (Klagelied und Vertrauens-gebet), Psalm 120–134 (Wallfahrtslieder), Psalm 146 (Danklied und Lehrgedicht)

## VII. Ton

- auch »Tonus sonorus« (lat. der klingende Ton)
- solide und extrovertiert
- zum Beispiel Psalm 100 (Prozessionshymnus), Psalm 103 (Dankhymnus), Psalm 113 (Jahwe-Hymnus)

## VIII. Ton

- auch »Tonus lucidus« (lat. der leuchtende Ton)
- liebenswürdig und heiter
- universell verwendbar, zum Beispiel bei Psalm 5 (indi-viduelles Klagelied), Psalm 27 (Klagelied, Vertrauens-gebet), Psalm 66 (Danklied)

Eine Charakterisierung des *Tonus peregrinus* erübrigt sich, da er einzig zu Psalm 114 passt. Der *Tonus irregu-laris* gleicht hingegen einer Rezitation auf einem Ton.

# Stundengebet
selbst gestalten

# Tagzeitenliturgie außerhalb des Klosters

Im bisher Gesagten ist deutlich geworden, dass das Stundengebet ein dialogisches Gebet ist: Das Gewoge zwischen Vorsängern und Gemeinde belebt die Psalmen, lässt die Beter den eigenen Atem meditieren und ermöglicht nicht zuletzt die Zwiesprache mit Gott. Um diesen dialogischen und meditativen Charakter zu unterstreichen, ist es eigentlich notwendig, die Tagzeitengebete mit mehreren Mitbetern zu feiern.

Wenn Sie, liebe Leserin, lieber Leser, nach einem Klosterbesuch den Wunsch verspüren, auch ab und an das Stundengebet zu Hause oder in Ihrer Gemeinde zu verrichten, sollten Sie sich zunächst einen oder mehrere Gleichgesinnte suchen, die ebenfalls diesen Wunsch haben. Oder Sie erkundigen sich in Ihrer Pfarrei, Ihrem Dekanat, um zu sehen, ob es irgendwo schon die ein oder andere Gebetsgruppe gibt, der Sie sich anschließen können.

Im Bezug auf die Häufigkeit, die Uhrzeit und den Ablauf der Gebetszeiten können Sie sich an den monastischen Traditionen orientieren oder aber auch für Sie eventuell besser geeignete Modelle entwickeln.

Hinsichtlich des Psalmgesangs bietet sich – gerade für »Einsteiger« oder Gruppen, die nicht häufig zusammen singen – die responsoriale Psalmodie an. Der innerhalb eines Psalmes meist gleichbleibende Kehrvers kann schnell von einer solchen Gemeinschaft erlernt und leicht mitgesungen werden.

Der ▸antiphonierende Psalmgesang, bei dem zwei Gruppen abwechselnd die Verse eines Psalms singen, bietet mehr textliche »Variation« und ist so vielleicht reizvoller – erfordert allerdings mehr gemeinsame Übung, was die Gesangsgeschwindigkeit, die Länge der Pausen, das gemeinsame Hin- und Herwiegen in den Psalmversen betrifft.

Anstatt die Psalmverse in abwechselnden Gruppen zu singen, ist es manchmal auch üblich, sie abwechselnd sprechend zu beten. Dies ist natürlich die einfachste Möglichkeit des Psalmgebets, lenkt jedoch die Aufmerksamkeit oft zu sehr auf den textlichen Inhalt und führt so vom eigentlichen Ziel, einer meditativen Psalmodie, eher weg. Zudem sind die Psalmen ja schon von der Wortbedeutung her »Gesänge« und sollten, wo immer möglich, auch gesungen werden.

## Begleitung des Stundengebetes

Wenn sich im Laufe der Zeit eine kleine Gruppe zusammen gefunden hat, um gemeinsam das Stundengebet zu feiern, und dies in der gesungenen Form erfolgt, kommt bald die Frage nach einer musikalischen Begleitung auf.

Wir greifen im Folgenden einige Gedanken von Rupert Gottfried Frieberger auf, der in der Zeitschrift *Musica Sacra* kürzlich zwei Artikel zu diesem Thema verfasst hat – für fortgeschrittene Musiker seien diese Beiträge empfohlen (siehe Literaturverzeichnis).

Gerade für kleinere Gebetsgemeinschaften ist für die musikalische Begleitung des Stundengebetes ein Psalterium (eine Art einfache Harfe) als Begleitinstrument sehr zu empfehlen. Dieses ist relativ einfach zu spielen und unterstützt meditativ den Gesang.

Wer das Stundengebet lieber auf einer Orgel (sei es ein kleines Positiv oder eine Truhen- oder Kirchenorgel) begleitet haben möchte, sollte darauf achten, nur grundtönige und dezente Register zu benutzen.

Die Psalmodie ist in jedem Fall nur unterstützend zu begleiten, am besten einheitlich mit lang liegenden Tönen. Auf keinen Fall darf die Begleitung künstlerische oder künstliche Zutat zum Gregorianischen Gesang sein, es darf keine eigene Melodie einsetzen, die vom einstimmigen Gesang ablenkt.

Die Begleitung sollte akzentgebend erfolgen und die Atmung unterstützen. Eine besondere Bedeutung als Stütze und Intonationshilfe kommt der Basslinie zu: Sie sollte große Sprünge vermeiden und sich in erster Linie auf benachbarten Tönen bewegen – im Optimalfall als Orgelpunkt oder in Gegenbewegung zur gesungenen Melodie.

Musikalische Textausdeutungen (das Singen der Vögel, das Fallen des Regens, das Grollen der Unterwelt und so weiter) können im Einzelfall (!) die Psalmodie reizvoll illustrieren, bedürfen aber einer sehr erfahrenen und geübten Gesangsgemeinschaft – und natürlich eines ebenso erfahrenen und geübten Organisten.

Die Registrierung sollte, wie erwähnt, verhalten und dem Anlass entsprechend gewählt werden und sich innerhalb einer Gebetszeit nicht ändern.

Allgemein gilt also für die musikalische Begleitung des Stundengebets die Maxime: »Weniger ist mehr«. Die Musik steht ganz im Dienst des Textes.

## Die Tonhöhe des Stundengebetes

Da, wie bereits weiter vorne erwähnt, die Quadratnotation keine absoluten Tonhöhen angibt, muss sich der begleitende Musiker in seiner Vorbereitung über die Tonhöhe des Tenors Gedanken machen.

Die zu wählende Tonhöhe hängt natürlich immer von der Zusammenstellung der Gesangsgemeinschaft (Männerstimmen, Frauenstimmen) und der Verfassung der Sängerinnen und Sänger ab. Es hat sich jedoch bewährt, am Morgen für den klingenden Tenor das »g« zu wählen, am Mittag und Abend eher das »as« oder »a«.

Zu beachten ist, dass in jedem Fall innerhalb einer Hore der klingende Tenor durchgehalten werden soll und nicht von einem zum anderen Psalm wechseln darf – einzig das Canticum aus dem Neuen Testament darf als theologischer Höhepunkt den Tenor des Psalmenkorpus um einen Halb- oder Ganzton übersteigen.

## Psalmen alleine meditieren

Natürlich ist es auch möglich, die Tagzeiten zu Hause allein zu »heiligen«. Ob dafür aber die klassische Struktur des Stundengebetes geeignet ist, ist aus den oben genannten Gründen fraglich. Aber man kann sich sehr wohl einen Psalm vornehmen, ihn langsam – und vor allem laut – sprechend oder singend beten.

Wenn man so mehrfach den gleichen Psalm meditiert, wird man dabei immer wieder an einem anderen Wort oder Gedanken hängenbleiben, an ihm verweilen und ihn so mit in den Tag hineinnehmen.

Die frühen Mönche verstanden die Heilige Schrift als Heilungsbuch. Die Worte Gottes hatten für sie eine heilende Wirkung. Sie waren überzeugt: Der Mensch wird das, was er denkt. – Was gibt es Besseres, als mit diesen heilenden Worten durch den Tag zu gehen?

# Kleines Lexikon
## zum Stundengebet

# Glossar

**Agnus Dei** — (lat.) = Lamm Gottes; Gesang zur Brotbrechung. Die ursprüngliche Form ist litaneiartig. In der Regel besteht der Gesang aus drei Anrufungen.

**Agogik/agogisch** — agogein (griech.) = führen; Von Hugo Riemann 1884 in Analogie zur Dynamik geprägter Begriff für die Veränderungen des Tempos beim Vortrag eines Musikstücks durch bewusste, meist aber kaum messbare Abweichungen vom mechanisch festen Zeitmaß, wodurch ein lebendigerer Ausdruck erreicht werden soll. Da sich der psalmodische Vortrag vom Wort- und Satzgefüge leiten lässt, eignet sich der Begriff Agogik oder agogisch besser zur Beschreibung des rhythmischen Gefüges.

**Akklamation** — acclamare (lat.) = zurufen; Zustimmender (oder auch ablehnender) Zuruf der Volksmenge. Akklamationen finden sich in der Liturgie beispielsweise als bekräftigendes »Amen«, aber auch in mehr dialogischer Form als Antwort auf einen vorausgegangenen Zuruf (vgl. in der Einleitung zum Hochgebet).

**Alleluia** — siehe Halleluja.

**Alteration** — (lat.) = Änderung; Erhöhung oder Erniedrigung eines Tones um einen Halbton. In der Quadratnotation gibt es nur ein Alterationszeichen: das b vor dem *si* (h), siehe Seite 81.

**Ambitus** — (lat.) = Umfang, hier: Tonumfang; Er beschreibt die Entfernung zwischen dem tiefsten und höchsten Ton einer Melodie. Er dient unter anderem zur Unterscheidung von authentischen und plagalen Modi.

**Antiphon** — antiphona (lat.) = Wechselgesang; Rahmenvers, der – vor und nach dem Psalm von allen gesungen – meist einen Kernsatz des Psalms herausgreift und als »Leitvers« den Psalm rahmt.

**Antiphonierender/antiphonaler Gesang/Vortrag** — antiphona (lat.) = Wechselgesang; Vortragsart des Wechselgesangs: Kantor (oder Schola) und Gemeinde singen Vers für Vers abwechselnd den gesamten Psalm. Eingeleitet und beschlossen wird der Psalm mit der von allen gemeinsam gesungenen Antiphon; siehe Seite 70.

**Antwortpsalm** — Meditative Antwort auf die (alttestamentliche) Lesung des Wortgottesdienstes in Form eines Psalms.

**Apostroph** — hier: Gliederungszeichen in der Notation des Gregorianischen Chorals, zeigt kleine Zäsur in der Artikulation an, siehe Seite 86.

**Apsis** — (griech.) = Rundung. Halbrunde Altarnische mit einer Halbkuppel im Kirchenbau.

**Asteriscus/Asterisk** — astrum (lat.) = Stern; Der Asterisk * ist das Zeichen zum Innehalten in der Mitte eines Psalmtons.

**authenthisch** — authentikos (griech.) = echt, selbstständig; Bezeichnung für einen Modus, dessen Tenor eine Quint über der Finalis liegt (I, III., V. und VII. Modus). Die Melodien der Antiphonen im authentischen Modus überschreiten den Tenor oft und unterschreiten die Finalis nur selten.

**Begleitpsalmodie** — Vortrag eines Psalms während einer liturgischen Handlung, zum Beispiel während des Einzugs; siehe Seite 72.

**Benedictus** — Der nach seinem lateinischen Anfang »Benedictus Dominus ...« – »Gepriesen sei der Herr ...« benannte Lobgesang des Zacharias (Lk 1,68–79), ein neutestamentliches Canticum; siehe Seite 31/32.

**Brevier** — brevis (lat.) = kurz, breviarum (lat.) = kurze Übersicht; Ursprünglich ein Buch, das knappe Hinweise der Texte enthielt, aus denen sich das Stundengebet zusammensetzt. Ab dem 11. Jahrhundert fasste man alle Texte aus den verschiedenen beim Chorgebet verwendeten Büchern in einem einzigen Buch zusammen, dem sogenannten Brevier.

**Canticum** — (lat.) = Lied, Mehrzahl: Cantica; In der Liturgie verwendete Texte (ursprünglich Lieder) des Alten und Neuen Testamentes, die nicht dem Buch der Psalmen entnommen sind, diesen aber nach Form und Inhalt gleichen.

**Communio** — (lat.) = Gemeinschaft; Begleitgesang zum Kommuniongang der Gläubigen. Die Communio wird antiphonal mit Psalmversen vorgetragen.

**Credo** — (lat.) = Ich glaube (an Gott); Bezeichnung für das mit diesem Wort beginnende Nicänische Glaubensbekenntnis, das an allen Sonntagen und Hochfesten gebetet wird. Der Text ist in seiner heutigen Gestalt seit dem 4. Jahrhundert bekannt. Ursprünglich war es ein Taufbekenntnis, im 6. Jahrhundert wurde das Credo zunächst in die orientalischen Messliturgien, 589 in die mozarabische (altspanische), um 800 durch Karl den Großen in die fränkische und 1014 in die römische Liturgie übernommen.

**Custos** — (lat.) = Wächter; Bei der Quadratnotation: Kleine Note am Zeilenende, die die Tonhöhe der ersten Note in der nächsten Zeile angibt, siehe Seite 82.

**Deuterus** — (griech.) = der zweite; Übergeordnete Bezeichnung des III. und IV. Modus.

**Differentiae** — (lat.) = Unterschiede; Verschiedene Ausgestaltung der Terminatio, um vom Tenor zum jeweiligen Anfangston der anschließend gesungenen Antiphon überzuleiten.

**Doxologie** — doxa (griech.) = Ehre, logos (griech.) = Rede; Lobgesang auf die Herrlichkeit der göttlichen Dreifaltigkeit am Ende des Hochgebets von der Gemeinde mit dem Amen bekräftigt. Daneben gibt es die große Doxologie, das Gloria, und die kleine Doxologie, das »Ehre sei dem Vater ...«, siehe auch Seite 29.

**Eschatologie/eschatologisch** — (griech.); Prophetische Lehre von den Hoffnungen auf Vollendung des Einzelnen und der gesamten Schöpfung.

**Episem** — Dehnungszeichen in der Notation des Gregorianischen Chorals, siehe Seite 85.

**Finalis** — finire (lat.) = (be-)enden; Schlusston der Antiphonen: *re* im I. und II. Modus, *mi* im III. und IV. Modus, *fa* im V. und VI. Modus, *sol* im VII. und VIII. Modus.

**Flexa** — (lat.) = Beugung; Kurze Zäsur innerhalb eines Psalmtons bei dreizeiligen Psalmversen, die sich abwärts zur Sekund (I., IV., VI. und VII. Modus) beziehungsweise zur kleinen Terz (II., III., V. und VIII. Modus) wendet.

**Gloria** — (lat.) = Ehre (sei Gott in der Höhe); Hymnus in Prosa-Form. Wird an Festtagen und Sonntagen (außerhalb der Advents- und Fastenzeit) nach dem Kyrie eleison gebetet/gesungen, und besteht aus einem Text aus Lk 2,14 (Lobgesang der Engel), neutestamentlich geprägten Akklamationen (Lk 19,38) und Christusrufen.

**Graduale** — gradus (lat.) = Stufe; Antwortpsalm nach der ersten (alttestamentlichen) Lesung des Wortgottesdienstes. Das Graduale entstammt der synagogalen Praxis und diente dem vollständigen Vortrag eines Psalms zwischen den Lesungen. Seit dem 12. Jahrhundert auch eine Bezeichnung für das liturgische Buch mit den Gesängen der Messe.

**Gregorianischer Choral** — Der chorisch und solistisch einstimmige liturgische, mit der lateinischen Sprache verbundene Gesang der römischen Kirche, der in der Liturgie von Messe und Stundengebet Verwendung findet. Der Gregorianische Choral ist eine Umformung des Altrömischen Chorals im Frankenreich aus der zweiten Hälfte des 8. Jahrhunderts. Seine Benennung geht auf Papst Gregor I. zurück, der um 600 die Liturgie neu geordnet hat; siehe Seite 75.

**Hallel-Psalmen** — hallel (hebr.) = Preiset!; Bezeichnung für die Psalmen 113 bis 118, in denen (wie in vielen anderen Psalmen auch) der Lobpreis Gottes gesungen wird.

**Halleluja** — (hebr.) = Preiset Jahwe!; In der jüdisch-christlichen Tradition Aufruf zum Lob Gottes. In den meisten evangelischen Gottesdienstformen wird das Halleluja nach dem Evangelium oder nach der Epistel dreifach von der Gemeinde gesungen. In der katholischen und ostkirchlichen Liturgie ist es eine Akklamation, mit der Christus vor der Verkündung des Evangeliums gehuldigt wird. Das Halleluja entfällt während der Fastenzeit und in der Karwoche; es wird dann oft durch einen Christus-Ruf ersetzt. Als liturgischer Gesang ist das Halleluja der Messe ein Responsorium, das von einem Kantor vorgetragen wird. Charakteristisch ist der oft ausladende Jubilus über dem Schluss-a des Wortes »Halleluja«, an den sich der Vortrag eines Psalmverses anschließt.

**Herrenjahr** — Die kirchlichen Zeiten Advent/Weihnachten, Fastenzeit/Ostern und die Tage im Jahreskreis); Synonym zu Kirchenjahr.

**Hore** — hora (lat.) = Stunde; Gebetsstunde des kirchlichen Stundengebets.

**Hymnus** — hymnos (griech.) = Lobgesang; Feierlicher religiöser Gesang, der sich schon in der griechischen Antike findet. Bei den Hymnen des Stundengebets handelt es sich um streng metrische beziehungsweise rhythmische Strophenlieder. Meist wird der Hymnus von Schola oder Vorsänger alleine begonnen, ab der zweiten Strophe singen dann alle mit. Begründer der christlich-lateinischen Hymnendichtung war der heilige Ambrosius (um 340–397).

**Initium** — (lat.) = Anfang, Beginn; Eingangsformel eines Psalmtons, bestehend aus zwei aufsteigenden Tönen, die von der Finalis der Antiphon zum Tenor hinaufführt.

**Interpunktionsmelismatik** — Melodische Verzierung der Satzzeichen beim rezitierenden Vortrag; siehe Seite 68.

**Intonation** — intonare (mittellat.) = erklingen lassen; Bezeichnet das nach Tonart und Tonhöhe richtige (und saubere) Anstimmen eines Gesangs. In der (deutschen) Gregorianik bezeichnet Intonation auch die vom Kantor oder Zelebranten angestimmten Anfangsworte zum Beispiel einer Antiphon oder eines Psalms.

**Introitus** — (lat.) = Einzug; Eröffnungsgesang (der Messfeier), die den Einzug des Zelebranten und seiner Assistenten begleitet. Sein Anfangswort dient (in der evangelischen Kirche) auch zur Benennung des Sonntags, zum Beispiel des Sonntags »Judika«.

**Invitatorium** — invitare (lat.) = einladen; Gebetseinladung zu Beginn des Stundengebets – klassischerweise Psalm 95.

**Jubilus** — jubilare (lat.) = jauchzen; Eine aus der synagogalen Tradition in den Gregorianischen Choral übernommene Form melismatischen, textlosen Singens zum Ausdruck der Freude oder zur Erhöhung der Feierlichkeit. Der Jubilus findet sich zumeist auf dem Schluss-a des Halleluja.

**Kadenz** — cadenza (ital.) = Schlussfall; Schlussformel einer Melodie oder eines Melodieabschnitts.

**Kantor** — cantor (lat.) = Sänger; Seit dem Mittelalter Bezeichnung des Vorsängers und des Leiters der Schola Cantorum. In den evangelischen Kirchen und in jüdischen Gemeinden Bezeichnung des Leiters des Kirchenchores und des für die musikalische Gestaltung des Gottesdienstes und die Kirchenmusik im Allgemeinen Verantwortlichen – weibliche Form: Kantorin.

**Karmette** — siehe Tenebrae.

**Kleine Horen** — Zusammenfassende Bezeichnung für die Horen Terz, Sext und Non.

**Komplet** — completorium (lat.) = Abschluss, Vollendung; Letzte Hore des Stundengebets vor dem Beginn der Nachtruhe; siehe Seite 37.

**Kyrie** — kyrios (griech.) = Herr; Aus der Form der Litanei entstandener Gesang, der aus Gebetsintentionen und entsprechender Antwort der Gemeinde besteht. In der Messfeier auf den dreifachen Ruf »Kyrie eleison« – »Christe eleison« – »Kyrie eleison« (»Herr, erbarme dich« – »Christus, erbarme dich« – »Herr, erbarme dich«) reduziert.

**Kyrie eleison** — siehe Kyrie.

**Laudes** — (lat.) = Lobgesänge; Morgenlob des Stundengebets bei Sonnenaufgang; siehe Seite 29.

**Lamentationes** — siehe Tenebrae.

**Lesehore** — siehe Matutin.

**Magnificat** — Der nach seinem lateinischen Anfangswort »Magnificat anima mea ...« – »Meine Seele preist ...« benannte Lobgesang der Maria (Lk 1,46–55), ein neutestamentliches Canticum; siehe Seite 36.

**Marianische Antipon** — Gesungener Gruß an die Gottesmutter Maria, der seit dem 13. Jahrhundert die Komplet und damit das gesamte Stundengebet des Tages beschließt, zum Beispiel das *Salve Regina*.

**Matutin(e)** — (hora) matutina (lat). = die morgendliche (Stunde); Nächtliches Gotteslob, das in der erneuerten Stundenliturgie »Lesehore« genannt wird und zu jeder Tageszeit gebetet werden kann; siehe Seite 26.

**Matutinale** — Der Teil des Breviers, der die Matutinen enthält.

**Mediatio** — Mittelkadenz eines Psalmtons. Zeichen für den Wechsel vom ersten Glied des *Parallelismus membrorum* zum weiterführenden zweiten Glied.

**Melisma/melismatisch** — (griech.) = Gesang, Lied; Folge von mehreren, auf nur einer Textsilbe gesungenen Tönen.

**Mensuralnotation** — Notenschrift des 13. bis 16. Jahrhunderts, im Unterschied zur älteren Quadratnotation, die den Zeitwert der Noten nicht angab. Sie drückt durch Anwendung verschieden gestalteter Notenzeichen das Verhältnis der Tondauern untereinander aus.

**Mittagshore** — Gebetszeit des Stundengebets um die Mittagszeit; siehe Seite 33.

**Mittelkadenz** — siehe Mediatio.

**Minima** — Gliederungszeichen in der Notation des Gregorianischen Chorals, zeigt kleine Zäsur in der Artikulation an; siehe Seite 86.

**Missale** — Lateinische Bezeichnung für das Messbuch. Das Missale enthält die Messordnung und die Gebete, die vom Priester gesungen oder gesprochen werden.

**Modus** — (lat.) = Begrenzung, Maß, Regel; Bezeichnung der Art der Ordnung von Tonbeziehungen; hier auch synonym zu Psalmtonmodus verwendet.

**Morgenhore** — Synonym zu den Laudes.

**Morgenlob** — Synonym zu den Laudes.

**Nachtoffizium** — Synonym zu Matutin.

**Neume** — to neuma (griech.) = der Wink, das Handzeichen; Erste Notenzeichen, die zunächst – ohne Notenlinien geschrieben – keine exakten Intervalle, dafür aber rhythmische Nuancen anzeigten; siehe Seite 76ff.

**Non** — (hora) nona (lat.) = die neunte (Stunde); Teil des Stundengebets, Gebet zur neunten Tagesstunde (fünfzehn Uhr), eine der sogenannten kleinen Horen.

**Nunc dimittis** — Der nach seinem lateinischen Anfangswort »Nunc dimittis ...« – »Nun entlässt du ...« benannte Lobgesang des Simeon (Lk 2,29–32), ein neutestamentliches Canticum, siehe Seite 41.

**Nokturn** — nocturnus (lat.) = nächtens; Teil der Matutin, jede Nokturn besteht normalerweise aus drei Psalmen mit Antiphonen, einem anschließenden Versikel, einem Segensspruch und einer Lesung; siehe Seite 27.

**Octoechos** — Mittelalterliche Lehre von den »acht Tonarten«.

**Offertorium** — (lat.) = Darbringung, Opfer; Kurzform der Bezeichnung Antiphona ad Offertorium; Gesang zur Gabenbereitung.

**Offiziumspsalmodie** — Vortrag eines Psalms, bei dem der Psalm im Wechsel zwischen Kantor (oder Schola) und Gemeinde gesungen wird; etwa die Psalmodie im Stundengebet; siehe Seite 73.

**Oration** — orare (lat.) = sprechen, beten; Eine geprägte Form eines Gebetes in der christlichen Liturgie (meist bestehend aus Anrede, Dank/Lobpreis, Bitte und Schlussformel). Orationen werden in der Regel vom Vorsteher im Namen der Gemeinde gesprochen, schließen Teile der Liturgie ab und leiten zu folgenden Teilen über.

**Ordinarium** — (lat.) = Ordnung; Beschreibung des Ablaufes einer Gebetszeit, mit den wichtigsten wiederkehrenden Texten und Gesänge und Beschreibungen zu Ausnahmen.

**Ordinarium missae** — (lat.) = Ordnung der Messe; Die zusammenfassende Bezeichnung für die textlich feststehenden Teile der Messe: Kyrie, Gloria, (Credo), Sanctus und Agnus Dei.

**Parallelismus membrorum** — (lat.) = Gleichlauf der Glieder; spezifische Eigenart der Psalmen, wonach jeder Vers in zwei (beziehungsweise drei) Teile unterteilt wird, die miteinander in Beziehung stehen.

**Participatio actuosa** — (lat.) = tätige Teilnahme; Alle im Gottesdienst Anwesenden sollen am liturgischen Tun aktiv teilnehmen und sich einbringen.

**plagal** — (lat.) = seitlich, hergeleitet; Bezeichnung für einen Modus, dessen Tenor eine Terz (II. und VI. Modus) beziehungsweise eine Quart (IV. und VIII. Modus) über der Finalis liegt. Die Melodien der Antiphonen im plagalen Modus überschreiten den Tenor nur unwesentlich und unterschreiten die Finalis häufig.

**Preces** — (lat.) = Bitten; Bittgebet in den Laudes und Fürbitten in der Vesper.

**Prim** — (hora) prima (lat.) = die erste (Stunde); Teil des Stundengebets, Gebet zur ersten Tagesstunde (sechs Uhr).

**Proprium missae** — (lat.) = das Eigene der Messe; Die (täglich) wechselnden Gesänge einer Messfeier im Unterschied zu den gleichbleibenden Stücken des Ordinariums. Zum Proprium Missae gehören: Introitus, Graduale, Halleluja, Tractus, Offertorium und Communio;

diese Gesänge werden auch als Propriumsgesänge oder Propria bezeichnet.

**Protus** — (griech.) = der erste; Übergeordnete Bezeichnung des I. und II. Modus.

**psallieren** — (griech.); die Psalmen singen.

**Psalm** — psalmos (griech.) = Lied zur Harfe; Im biblischen Buch der Psalmen gesammelte religiöse Dichtungen Israels. Gesungenes, religiöses Gedicht.

**Psalmodie** — Gesang der Psalmen. Der Gesang folgt dem Bau eines Psalmverses, das heißt, er überträgt den Text in ein festgelegtes Melodiemodell.

**Psalmton** — Kurzform zu Psalmtonmodus, damit synonym verwendet.

**Psalmtonmodus** — Melodiemodell zum Singen der Psalmen nach dem Octoechos, entsprechend dem Parallelismus membrorum zweiteilig angelegt. Der Aufbau gliedert sich in: Initium, Tenor, Mediatio, wiederum Tenor und schließlich Finalis.

**Psalmus in directum** — (lat.) = Psalmvortrag in ununterbrochener Versabfolge; Durchgängiger Psalmvortrag durch einen Kantor, ohne jede Beteiligung der Gemeinde; siehe Seite 70.

**Psalter** — Die Gesamtheit der Psalmen, entspricht dem biblischen Buch der Psalmen.

**Quadratnotation** — Die zur Aufzeichnung des Gregorianischen Chorals aus den Neumen entwickelte Notenschrift, die seit dem 11. Jahrhundert mittels Linien und Schlüsseln zur Tonhöhenfixierung den Melodieverlauf und dessen Textzuordnung festlegte; siehe Seite 76ff.

**Respondierender Gesang/Vortrag** — (lat.) = antwortender Gesang/Vortrag; Vortrag eines Psalms, bei dem der Kantor den Psalm Vers für Vers vorträgt und die Gemeinde nach jedem Vers (beziehungsweise Versgruppe) mit einem gleichbleibenden Responsum antwortet.

**Responsoriale Psalmodie** — synonym zu Respondierender Gesang; siehe Seite 70.

**Responsorium** — respondere (lat.) = antworten; Antwortgesang auf eine (zumeist) biblische Lesung; besteht aus dem Responsum und einzelnen (Psalm-)Versen und der Doxologie. Im Stundengebet findet sich überwiegend ein auf einen Psalmvers und die Doxologie verkürzter Antwortgesang (Responsorium breve).

**Responsum** — (lat.) = Antwort; Wiederholungsstück, mit dem die Gemeinde beim respondierenden Vortrag eines Psalms beziehungsweise beim Responsorium auf die Verse des Kantors antwortet.

**rezitieren/Rezitation** — recitare (lat.) = vortragen; Sprechgesang (als feierlicher Vortrag) auf einer festgelegten Tonhöhe (dem Tenor) und bestimmten Melodiefloskeln entsprechend der Gliederung des Textes.

**Rezitationston** — siehe Tenor.

**Salve Regina** — (lat.) = Sei gegrüßt, o Königin; Antiphon an die Gottesmutter Maria; siehe Seite 40. Die deutsche Übersetzung lautet:

*Sei gegrüßt, o Königin, Mutter der Barmherzigkeit, unser Leben, unsere Wonne und unsere Hoffnung, sei gegrüßt! Zu dir rufen wir verbannte Kinder Evas. Zu dir seufzen wir trauernd und weinend in diesem Tal der Tränen. Wohlan denn, unsere Fürsprecherin, wende deine barmherzigen Augen uns zu, und nach diesem Elend zeige uns Jesus, die gesegnete Frucht deines Leibes. O gütige, o milde, o süße Jungfrau Maria.*

**Sanctus** — (lat.) = heilig; Gesang des eucharistischen Hochgebets. Sein Text ist an Jes 6,1–3 angelehnt. Benannt ist der Gesang nach dem Wort an seinem Beginn.

**Schlusskadenz** — siehe Terminatio.

**Schola (Cantorum)** — (lat.) = Schule (der Sänger); Die vom Kantor geleitete Gruppe von Sängern, die an den römischen Stationskirchen und später an jeder größeren Kirche die liturgischen Gesänge ausführte.

**Sext** — (hora) sexta (lat). = die sechste (Stunde); Teil des Stundengebets, Gebet zur sechsten Tagesstunde (zwölf Uhr), eine der sogenannten kleinen Horen.

**Solmisation** — (ital.); Das auf Guido von Arezzo (um 992–1032) zurückgehende System der Tonbezeichnung, mit dem die Aufeinanderfolge der Stufen der sechsstufigen, im Mittelalter gebräuchlichen Tonleiter von Ganzton, Ganzton, Halbton, Ganzton, Ganzton verdeutlicht wurde. Die Tonsilben *ut* (später *do*), *re*, *mi*, *fa*, *sol*, *la* entsprechen den Halbzeilenanfängen des Johanneshymnus »Ut queant laxis, resonare fibris ...«.

**Stundengebet** — Das offizielle Gebet der Kirche zu festgesetzten Zeiten im Lauf eines Tages.

**Stundenliturgie** — Synonym zu Stundengebet.

**Tageshore** — Synonym zu Mittagshore.

**Tagzeitengebet / Tagzeitenliturgie** — Synonym zu Stundengebet.

**Te Decet Laus** — (lat.) = Dir gebührt Lob; Feierlicher Lobeshymnus, benannt nach den Worten am Beginn.

**Te Deum** — (lat.) = Dich, Gott (loben wir); Feierlicher Lob-, Dank- und Bittgesang, benannt nach den Worten am Beginn.

**Tenebrae** — (lat.) = Schatten, Dunkelheit; Die Tenebrae (auch Kar- oder Trauermette) ist die Matutin an den Tagen zwischen Gründonnerstag und Osternacht. In besonderer Weise wird darin der Trauer und des Leidens Christi gedacht. Darin werden auch die Lamentationes, die Klagelieder des Propheten Jeremia vorgetragen. Früher war es zudem üblich, einen Tenebrae-Leuchter mit fünfzehn Kerzen zu entzünden, die jeweils zur Mitte hin aufsteigend angeordnet waren. Im Verlauf des Gottesdienstes wurde dann eine Kerze nach der anderen gelöscht, bis schließlich nur die oberste Kerze übrig geblieben war – als Sinnbild des Lichtes Christi in der Dunkelheit des Leidens. Die lateinische Bezeichnung ist dem Beginn des Antwortgesanges »Tenebrae facta sunt, dum crucifixissent Jesum Judaei« – »Finsternis ward, als die Juden Jesus kreuzigten« entnommen.

**Tenor** — tenere (lat.) = halten, »Ténor« ausgesprochen; Rezitationston bei der Psalmodie und bevorzugt angestrebter Ton einer Melodie. Er liegt bei den authentischen Modi eine Quint, bei den plagalen eine Terz beziehungsweise eine Quart über der Finalis. Nicht zu verwechseln mit der Gesangsstimme »Tenor«.

**Terminatio** — Schlusskadenz eines Psalmtons. Zeichen für das Ende des Parallelismus membrorum und gleichzeitig für den Beginn eines neuen.

**Terz** — (hora) tertia (lat). = die dritte (Stunde); Teil des Stundengebets, Gebet zur dritten Tagesstunde (neun Uhr), eine der sogenannten kleinen Horen.

**Tetrardus** — (griech.) = der vierte; Übergeordnete Bezeichnung des VII. und VIII. Modus.

**Tonhöhe, absolute** — Die absolute Tonhöhe wird von der relativen Tonhöhe unterschieden. Der Kammerton A ist mit 440 Hertz Schwingungen festgelegt. Von diesem Ton sind alle anderen Töne von ihrer Schwingung zu benennen und absolut einzuordnen.

**Tonhöhe, relative** — In der Solmisation ist zwar die Folge von Halb- und Ganztonschritten festgelegt, jedoch nicht die Schwingung. Das bedeutet, dass *la* nicht unbedingt ein klingendes *a* sein muss.

**Tractus** — Der Tractus ist ein psalmodische Sologesang in der Messe, der lediglich während der Fastenzeit, in der Karwoche und in Messfeiern für Verstorbene vorkommt, wo er an die Stelle des Hallelujas tritt. Er ist Teil des Proprium Missae.

**Trauermette** — siehe Tenebrae.

**Tritus** — (griech.) = der dritte; Übergeordnete Bezeichnung des V. und VI. Modus.

**Urmodus** — Vorläufer der Psalmtöne.

**Versikel** — versiculus (lat.) = Verslein; Zweiteiliger Gebetsruf, der vorwiegend den Psalmen entnommen ist und sich in Vorsängervers und Responsum gliedert.

**Vesper** — (lat.) = Abend; Abendlob bei Sonnenuntergang. Teil des kirchlichen Stundengebets; siehe Seite 35.

**Vigil** — vigilare (lat.) = wachen, Mehrzahl: Vigilien und Vigiles; Synonym zu Matutin; siehe Seite 26.

**Vortragspsalmodie** — Psalmodischer Vortrag, bei dem der Kantor einen ganzen Psalm oder ausgewählte Verse daraus vorträgt, auf die die Gemeinde mit einem Kehrvers antwortet; siehe Seite 72.

**Zäsur** — (lat.) = Schnitt; Ein (gedanklicher) Einschnitt. In der Notation des Gregorianischen Chorals gekennzeichnet durch Minima und Apostroph.

# Zitierte und weiterführende Literatur

Baumhof, Gregor: Klänge der Stille. Mit dem Gregorianischen Choral meditieren. Ein Übungsbuch mit CD, München 2006.

Chorbuch für einstimmigen Gesang zum Gotteslob, Band 1, München/Graz 1975.

Die Regel des heiligen Benedikt, herausgegeben im Auftrag der Salzburger Äbtekonferenz, Beuron 1990 [im Text abgekürzt als *RB*].

Frieberger, Rupert Gottfried: Psallite cum Organo? Zur Frage der Choralbegleitung des Gregorianischen Gesangs im Stundengebet, Teil 1, Musica Sacra 6/2011, S. 370–371 und Teil 2, Musica Sacra 1/2012, S. 17.

Füglister, Notker: Das Psalmengebet, Münsterschwarzach 1997 [vergriffen].

Gotteslob. Stammausgabe. Katholisches Gebets- und Gesangbuch, herausgegeben von den Bischöfen Deutschlands und Österreichs und der Bistümer Bozen-Brixen und Luxemburg, Stuttgart 1975.

Grün, Anselm: Höre, so wird deine Seele leben. Die spirituelle Kraft der Musik (mit CD), Münsterschwarzach 2008.

Lumma, Liborius Olaf: Liturgie im Rhythmus des Tages. Eine kurze Einführung in die Geschichte und Praxis des Stundengebets, Regensburg 2011.

Kantorenbuch zum Gotteslob, herausgegeben von Paul Nordhues und Alois Wagner, Freiburg/Graz 1975.

Nonn, Nikolaus: Singt Psalmen, Hymnen und Lieder. Kleines Handbuch für den Kantorendienst, Mainz 2004 [vergriffen].

Rüdiger, Alfons: Zum Kantorendienst. Mit einem Exkurs zum Lektorendienst, Stuttgart 1991.

Wilde, Mauritius: Respekt – Die Kunst der gegenseitigen Wertschätzung, Münsterschwarzach 2009.

## Die Bände des Benediktinischen Antiphonales

Benediktinisches Antiphonale, Band I: Vigil und Laudes, Band II: Mittagshore, Band III: Vesper und Komplet, herausgegeben von der Abtei Münsterschwarzach, Münsterschwarzach 1996.

Benediktinisches Antiphonale, Sonderband: Vorsängerbuch, herausgegeben von der Abtei Münsterschwarzach, Münsterschwarzach 1997.

Benediktinisches Antiphonale, Sonderband: Das Stundengebet vom Gründonnerstag bis zum Ostersonntag, herausgegeben von der Abtei Münsterschwarzach, Münsterschwarzach 2001.

## Kurzausgabe des Benediktinischen Antiphonales:

Benediktinisches Brevier, herausgegeben von der Abtei Münsterschwarzach, Münsterschwarzach, erweiterte Auflage 2011.

*Textausgaben der Psalmen und Cantica in der Münster-schwarzacher Übersetzung des Benediktinischen Antiphonales:*

Münsterschwarzacher Psalter, Münsterschwarzach 2003.
Münsterschwarzacher Cantica, Münsterschwarzach 2004.

*Textausgabe der für das Benediktinische Antiphonale angefertigten Hymnen:*

Münsterschwarzacher Hymnen, Münsterschwarzach 2022.

*Materialien zur Responsorialen Psalmodie*

Joppich, Godehard; Reich, Christa; Sell, Johannes (Hrsg.): Preisungen. Psalmen mit Antwortrufen, Münsterschwarzach 2005 (erweiterte Auflage).

Joppich, Godehard; Reich, Christa; Sell, Johannes (Hrsg.): Preisungen. Responsoriale Psalmodie (CD) Münsterschwarzach 1998.

Joppich, Godehard; Sell, Johannes (Hrsg.): Cantica. Biblische Gesänge mit Antwortrufen, Münsterschwarzach 2007.